Schumann-Jung · Sportlerinnen schreiben Geschichte

Bettina Schumann-Jung

Sportlerinnen schreiben Geschichte

25 Porträts von außergewöhnlichen Frauen

Arete Verlag Hildesheim

Bibliografische Information der Deutschen Nationalbibliothek
Die Deutsche Bibliothek verzeichnet diese Publikation in der Deutschen Nationalbibliografie; detaillierte bibliografische Daten sind im Internet über http://dnb.ddb.de abrufbar.

www.arete-verlag.de

Layout, Satz und Umschlaggestaltung: Composizione Katrin Rampp, Kempten
Titelfotos: Wikimedia Commons
Druck und Verarbeitung: Grafisches Centrum Cuno
ISBN 978-3-942468-88-6

Inhalt

Vorwort

„Sport kann Leben verändern" heißt es, und die Frauen in diesem Buch sind dafür die besten Beispiele – so unterschiedlich sie in ihrer Persönlichkeit sind und so vielfältig die Sportarten, in denen sie ihre Erfolge feierten. Ob die junge Engländerin, die sich auf Anraten ihres Arztes dem Bergsteigen zuwandte und bald darauf als erste Frau das Matterhorn bestieg oder die blinde Biathletin, die mit jedem Rennen ihre Grenzen erweiterte, die algerische Läuferin, die aus Angst vor einem Anschlag auf ihr Leben mit Polizeischutz die erste Goldmedaille ihres Landes erwarb oder die Schwimmerin, die nachdem ihr die Olympiateilnahme verwehrt war, eine Hollywood-Karriere begann – sie alle eint, dass ihnen trotz außergewöhnlichem Talent ihre Erfolge nicht in den Schoß gefallen sind. Sie mussten persönliche, politische und gesellschaftliche Hindernisse überwinden und sind weiter ihren Weg gegangen. Davon erzählen die Geschichten, Interviews und autobiografischen Zeugnisse in diesem Buch. Sie handeln von Glanz und Glamour, vom Hinfallen und wieder Aufstehen, und sie dokumentieren wichtige Schritte, die Frauen auf dem Weg zur Gleichberechtigung gegangen sind genauso wie ein Stück Sportgeschichte. Denn auch wenn bereits auf einem römischen Mosaik aus dem 4. Jahrhundert n. Chr. junge Athletinnen zu sehen sind, war es lange Zeit nicht selbstverständlich, dass Frauen Sport trieben – in manchen Ländern ist es das bis heute nicht. Angefangen bei der vermeintlich unschicklichen Bekleidung bis zu medizinischen Vorbehalten hinsichtlich der Gebärfähigkeit reichten die Argumente, gegen die Frauen sich zur Wehr setzen mussten, um ihren Sport auszuüben. Diejenigen, die ihre Ziele dennoch weiterverfolgt haben, sind auch jenseits des Sports faszinierende Persönlichkeiten. Es sind Gipfelstürmerinnen und Grenzgängerinnen, Ballspielerinnen und Botschafterinnen, Läuferinnen und Luftakrobatinnen, die durch ihren Sport nicht nur dem eigenen Leben neue Impulse gegeben haben, sondern auch anderen Mut machen, ihre Träume zu leben.

Grazien voller Power

Lange Zeit galt: Körperliche Strapazen und sportlicher Wettkampf vertragen sich nicht mit dem Bild der Frau.
Wenn Frauen Sport treiben wollten, dann sollten sie sich mit Anmut, Grazie und möglichst ohne sichtbare Anstrengung bewegen. Deshalb gehören Turnen, Eiskunstlaufen oder Synchronschwimmen bis heute zu den klassischen Frauensportarten. In der Ausübung ihres Sports haben die Frauen in diesem Kapitel diesem Rollenbild perfekt entsprochen – als Persönlichkeiten waren sie ihrer Zeit oft weit voraus.

Badende Venus

Esther Williams

Die Szene ist eines Stars würdig: ein leuchtend blaues Schwimmbecken mit einem Orchester an jeder Seite, eine Reihe zauberhafter junger Frauen in nicht weniger bezaubernden grün- und pinkfarbenen Badeanzügen, die eine nach der anderen ins Becken gleiten und dort ein Wasserballett von vollendeter Anmut zeigen, während weitere Schönheiten am Rand in schwingenden rosafarbenen Chiffonkleidern tanzen – die Vorbereitung für den Auftritt der schönsten von ihnen, der *Bathing Beauty.* Sie erhebt sich auf einem Podest langsam aus dem Wasser, um dann selbst, nachdem sie ihre weiße Chiffontoga abgelegt hat, in einem mit kleinen Spiegeln bestickten Badekostüm zur Musik eines Strauß-Walzers ins Wasser zu tauchen und im Dreivierteltakt alle Künste des Unterwasserschwimmens zu präsentieren. Schließlich Fontänen und Feuersalven zur Inszenierung des dramatischen Höhepunkts des Spektakels. Mehr ging nicht in der Traumfabrik Hollywood des Jahres 1944, als *Bathing Beauty* in Technicolor in die Kinos kam. Die *Badende Venus,* so der deutsche Titel des Kassenschlagers, war die glamouröse Version des Synchronschwimmens, einer Sportart, die damals schon populär war, aber erst 40 Jahre später ihre olympische Anerkennung erhielt. Und es war der Auftakt einer langen Reihe von Aqua-Musical-Filmen, die weniger durch ihre immer nach dem gleichen Muster ablaufenden Liebesgeschichten überzeugten als durch ihre gigantische Show auf und unter Wasser. Ihr Star: Esther Williams.

Eine junge Frau aus Kalifornien, die eigentlich ganz andere Pläne hatte, als ein Hollywood-Star zu werden. Mit acht Jahren ist sie eher zufällig zum Schwimmen gekommen, als ihre Mutter sich für den Bau eines Schwimmbads in der Gemeinde einsetzte und gemeinsam mit den Verantwortlichen spontan entschied, dass ihre jüngste Tochter die Anlage eröffnen soll. Schnell erkennt die kleine Esther, dass Wasser ihr natürliches Element ist und verbringt ihre freie Zeit von nun an in Gemeinschaft der Rettungsschwimmer, die ihr nicht nur die richtige Technik beibringen, sondern mit Kraulen und Schmetterling auch Schwimmstile, die bei Wettkämpfen damals noch Männern vorbehalten waren.

Mit zehn gewinnt sie bei einem in Los Angeles ausgetragenen Kinder-Schwimmwettbewerb die 50 Meter Freistil und wird von der Trainerin des Los Angeles Athletic Clubs entdeckt. Die Hoffnungen, die Aileen Allen, selbst ehemalige Olympia-Teilnehmerin, in sie setzt, scheinen sich zu erfüllen, und 1939 siegt Williams bei den Amerikanischen Meisterschaften über 100, 300 und 400 Meter in Rekordzeit. Ein Platz in der Olympiaauswahl ist ihr sicher. Aber die Olympischen Spiele von Tokio werden im Jahr 1940 durch den Zweiten Weltkrieg vereitelt. Für Esther Williams zerplatzt ein Traum – und gleichzeitig eröffnet sich eine andere, ungeahnte Möglichkeit.

Durch ihre Siege ist die junge Schwimmerin über die Sportwelt hinaus bekannt geworden, Zeitungsartikel zeigen sie im Badeanzug – der bis heute als Esther-Williams-Badekostüm von Frauen in aller Welt geschätzt wird – das perfekte All-American Girl, das hübsche sportliche Mädchen von nebenan. Es dauert nicht lange, da wird auch das Showgeschäft auf sie aufmerksam und sie zum weiblichen Star der Aquacade bei der Weltausstellung in San Francisco.

Die 1930er Jahre waren die Zeit der großen Tanz- und Musikshows in Amerika,

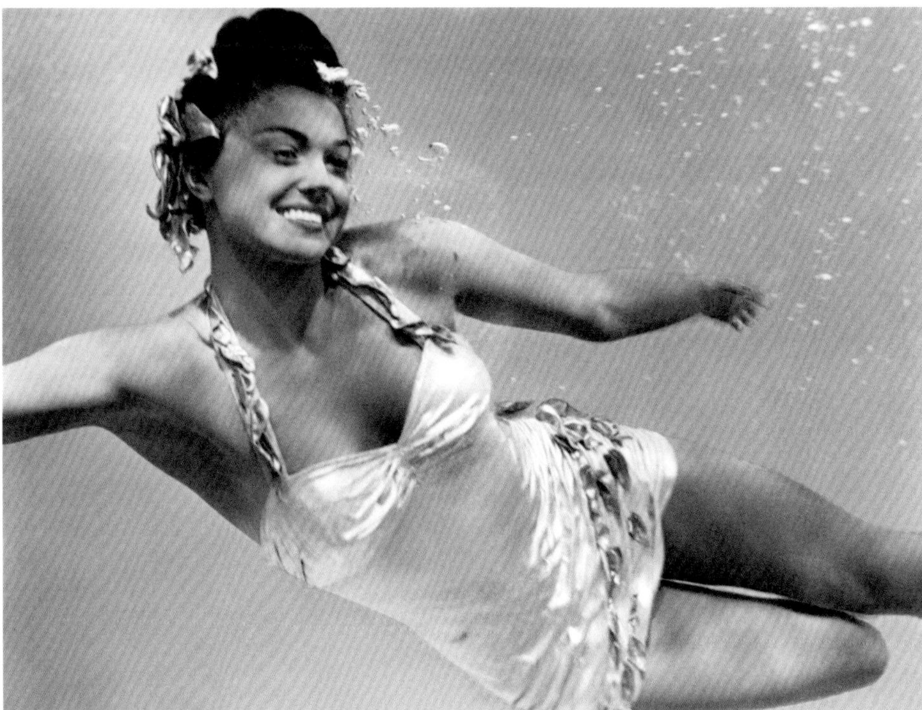

Schönheit über und unter Wasser: Esther Williams perfektionierte das Unterwasserschwimmen in zahlreichen Aqua-Musicals und Hollywood-Filmen der 40er und 50er Jahre.

glamourös gestaltete Inszenierungen, die 1937 mit einer gigantischen Open-Air Wasser-Ballett-Show von Billy Rose eine neue Dimension erhielten. Die Aquacade war der Publikumsmagnet der Weltausstellung in New York; bei der Golden Gate-Ausstellung in San Francisco 1940 sollte ihr Erfolg an der Westküste fortgesetzt werden. Die 17-jährige Esther erfüllte alle Voraussetzungen für die weibliche Hauptrolle und wurde engagiert. Im Duett mit dem vor allem als Tarzan-Darsteller bekannten fünffachen Olympiasieger Johnny Weissmuller begeisterte sie einen Sommer lang die Zuschauer – und war selbst wenig begeistert. Angesichts ausbeuterischer Arbeitsbedingungen, die weniger die Stars als die Veranstalter und Manager der Show zu Gewinnern machten, zog sie für sich den Schluss: Showbusiness was no business for me.

Es kommt anders. Ein Jahr später unterzeichnet sie nach langem Zögern den Vertrag mit einem der größten Filmproduzenten Hollywoods, Metro-Goldwyn-Mayer (MGM). Mit Schauspielunterricht und Presse-Kampagnen wird sie systematisch zum Star aufgebaut und schließlich zu einem der bekanntesten Gesichter Hollywoods der 40er und 50er Jahre. Als einzige Schauspielerin der Traumfabrik bekommt Esther Williams ein eigenes Studio, die Bühne mit der Nummer 30 auf dem MGM-Gelände, ein beeindruckendes Bassin, ausgestattet mit allen technischen Raffinessen. Visagisten entwickeln ein spezielles Unterwasser-Make-up, Friseure eine Mixtur aus Vaseline und Babyöl, um ihrem Haar auch bei Tauchszenen Halt und Glanz zu verleihen. Ein Esther Williams-Kosmos, in dem sie auf Fontänen emporsteigt oder von Rampen hinabgleitet, von haushohen Trapezstangen elegant ins Wasser springt und aus riesigen Muscheln auftaucht, in dem sie im Tutu Unterwasserpirouetten dreht und schwimmend Salti und Spiralen präsentiert. Bei allem Glamour waren dies nicht zu unterschätzende sportliche Leistungen, teilweise Stunts, die sie bis auf wenige Ausnahmen selbst ausführte.

Zu ihren Schwimmkünsten kamen in *Easy to love* spektakuläre Wasserski-Szenen. Sie zeigen sie inmitten einer ganzen Flotte von Wasserskifahrern auf dem Lake Eloise in Florida, wo sie im Slalom um aufsteigende Fontänen gleitet, über Rampen springt und schließlich von einem Hubschrauber an einem Trapez in die Höhe gezogen wird, um als Highlight der Show von dort ins Wasser zu springen. Es ist einer der wenigen Stunts, bei denen sie ein Double hatte – vor allem deshalb, weil sie während der Dreharbeiten ihr drittes Kind erwartete.

Wenn die Filmhandlung keine Szene auf oder unter Wasser vorsah, wurde diese in das Drehbuch hineingeschrieben, ob es zum Inhalt passte oder nicht. Esther Williams war sich bewusst, dass das Publikum sie im Badeanzug sehen wollte, und sie akzeptierte ihre Rolle. Die meisten ihrer Filme waren ohnehin auf sie zugeschnitten.

In *Million Dollar Mermaid* verkörpert sie die Australierin Annette Kellermann, die zu Beginn des 20. Jahrhunderts nicht nur durch Rekordzeiten, sondern auch in Schwimmshows Berühmtheit erlangte. Als erste Unterwasserballerina trat Kellermann 1907 in einem gläsernen Wassertank in New York auf und wurde eine der Pionierinnen des Synchronschwimmens. Dieses war als Wettkampfsportart anfangs noch auf Männer beschränkt, die jedoch zunehmend von den Frauen verdrängt und schließlich von Wettkämpfen ausgeschlossen wurden. Heute ist Synchronschwimmen eine der wenigen olympischen Sport-

Esther Williams wurde 1922 in Inglewood im Großraum von Los Angeles geboren; sie starb 2013 in Beverly Hills. Nach Erfolgen als Schwimmerin erregte sie Aufsehen bei der Aquacade auf der Weltausstellung in San Francisco 1940 und begann im Anschluss eine Karriere als Star von Aqua-Musicals in Hollywood. Sie drehte mehr als 20 Filme, u. a. an der Seite von Frank Sinatra, Gene Kelly und Mickey Rooney. Die bekanntesten sind **Bathimg Beauty (Badende Venus)** 1944, **Thrill of a romance (Flitterwochen zu dritt)** 1945 und **Million Dollar Mermaid (Die goldene Nixe)** 1952. Den Titel dieses Films wählte sie auch für ihre 1999 erschienene Autobiografie.

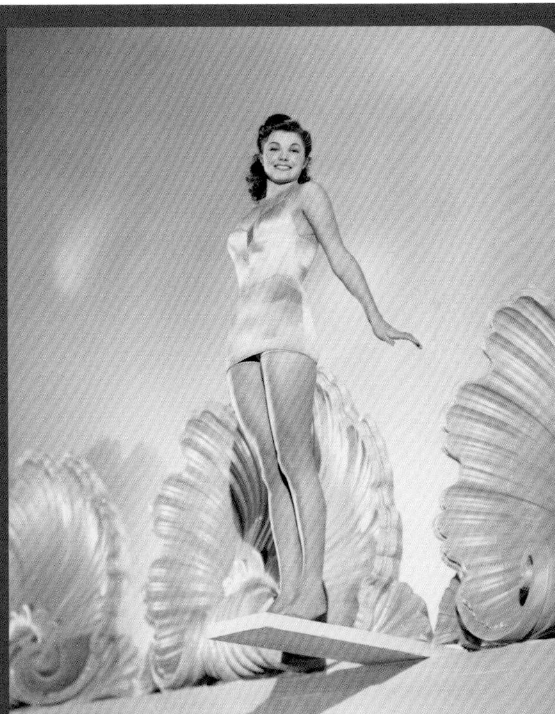

arten, bei denen nur Frauen zugelassen sind.

Esther Williams, die sich nach fast 20 Jahren 1960 vom Filmgeschäft verabschiedete, stand lange nach dem Ende ihrer Hollywood-Karriere noch einmal im Rampenlicht des Kunstschwimmens. Sie kommentierte für NBC die ersten Wettbewerbe für Synchronschwimmen bei den Olympischen Spielen in Los Angeles 1984 – eine späte Ehre, auch für die Sportart, die sie einst perfektioniert hatte.

Als Turnen noch weiblich war

Věra Čáslavská

Bis heute liegt sie auf Platz vier der erfolgreichsten Olympiateilnehmerinnen aller Zeiten, aber was sie vielleicht noch berühmter gemacht hat, war die Siegerehrung, bei der Věra Čáslavská ihre sechste olympische Goldmedaille erhielt. Es ist eine Siegerehrung, bei der zwei Turnerinnen ganz oben auf dem Podest stehen: die Tschechin und neben ihr Larissa Petrik aus Russland, die beide in der Bodenübung der Sommerspiele von Mexiko 1968 die gleiche Wertung bekommen hatten. Erhobenen Hauptes hört Věra Čáslavská die Hymne ihres Landes – und senkt dann leicht den Kopf, als die russische Fahne zu Ehren ihrer Konkurrentin gehisst wird. Es ist nur eine kleine Geste, fast unscheinbar, aber ihre politische Aussage ist unmissverständlich – ein stiller Protest gegen die sowjetischen Machtansprüche, die zwei Monate vor Beginn der Olympischen Spiele mit dem Einmarsch der Truppen des Warschauer Paktes in die Tschechoslowakei ihren Höhepunkt erreicht hatten.

Schon in den Jahren zuvor waren die Turniere von Věra Čáslavská immer auch Wettkämpfe gegen ihre russischen Kontrahentinnen gewesen, die nicht nur die sowjetische Hegemonie innerhalb der Ostblockstaaten verkörperten, sondern auch eine Sportauffassung, die ihrer eigenen Einstellung widersprach. Nach einer Begegnung in Japan sagte sie: „Ich habe alles an den japanischen Turnerinnen bewundert, besonders ihre Einstellung zu den Olympischen Spielen. Während andere Wettkämpfer, zum Beispiel sowjetische Athleten, mit versteinerter Miene zu den Geräten gingen, als ob eine Naturkatastrophe im Anmarsch wäre, waren die japanischen Turner wettkampffreudig, spielerisch und spontan. Sie waren elegant und ihre Bewegungen so anmutig, dass auch eine Katze auf ihre Dehnbarkeit und Gelenkigkeit neidisch werden könnte. Gefesselt hat mich auch ihr Teamgeist. Immer, wenn sie eine Kombination beendeten, haben sie sich vor Freude umarmt und auf ihren Erfolg eingeschlagen. Sie haben nicht um Leben und Tod gekämpft – sie haben einfach ihren Wettkampf geturnt – mit Lust, Freude und Enthusiasmus, im Geiste und in Gedanken bei Pierre de Coubertin." Dabei waren die Japanerinnen durchaus ernst zu nehmende Gegnerinnen und belegten als Gastgeber der Olympischen Spiele von Tokio 1964 mit geringem Abstand hinter der UdSSR und der Tschechoslowakei den dritten Platz im Mannschaftswettbewerb.

Für Věra Čáslavská sind diese Sommerspiele von Tokio ein erster Höhepunkt ihrer internationalen Karriere: Neben Siegen im Pferdsprung und am Balken kann sie den Einzeltitel im Mehrkampf für sich entscheiden und liegt damit auch vor ihrer russischen Konkurrentin Larissa Latynina. In ihrer Heimat wird sie als Star empfangen und gefeiert wie einst Emil Zátopek, dessen Erfolg von Helsinki sie nun mit ihren drei Goldmedaillen wiederholen kann. Im folgenden Jahr gewinnt sie sämtliche Disziplinen bei den Europameisterschaften, und auch 1967 liegt sie an allen Geräten vor ihren Konkurrentinnen.

Die Voraussetzungen für die nächsten Olympischen Spiele sind gut, und auch die Stimmung in der Tschechoslowakei ist seit Beginn des Jahres 1968 euphorisch. Im Januar wird mit Alexander Dubček ein Reformer zum Parteichef gewählt, der mit Liberalisierungs- und Demokratisierungsprogrammen einen „Sozialismus mit menschlichem Antlitz" schaffen will. Begleitet wird dieser Prozess von einer kritischen Öffentlichkeit, die breite Unterstützung in der Bevölkerung findet, und sich im Juni im „Manifest der 2000 Worte" für eine Weiterführung der Reformpolitik gegen die reaktionären Kräfte im In- und Ausland einsetzt. Unterzeichnet wird es von zahlreichen Intellektuellen und Prominenten des Landes – auch von Emil Zátopek und Věra Čáslavská. Aber die Aufbruchstimmung ist nur von kurzer Dauer: Zwei Monate später beantwortet die Sowjetunion das Manifest mit dem Einmarsch ihrer Truppen in die Tschechoslowakei.

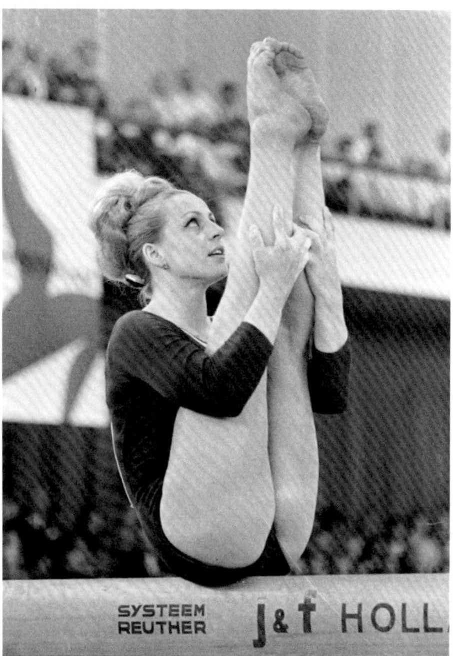

Sie verband Turnkunst auf höchstem Niveau mit Anmut und Persönlichkeit: Věra Čáslavská.

Für Věra Čáslavská, die sich mitten in den Vorbereitungen auf die olympischen Wettkämpfe befindet, steht kurzzeitig die Teilnahme an den Spielen von Mexiko in Frage, und sie sieht sich gezwungen, unterzutauchen, um einer möglichen Verhaftung zu entgehen. Sie findet Unterschlupf in einem Wald, wo sie ihr Training auf ungewöhnliche Weise fortsetzt: „Den moosbedeckten Waldboden nutzte ich als Bodenmatte, und auf einem kleinen Waldweg trainierte ich den Anlauf für den

Sprung am Pferd. Die starken Äste einiger Bäume ersetzten mir die Holme eines Stufenbarrens, und gefällte Baumstämme dienten mir als provisorische Schwebebalken."

Statt sich einschüchtern zu lassen, ist sie nun entschlossener denn je, in Mexiko ihren Erfolg der letzten Olympischen Spiele zu wiederholen oder sogar zu übertreffen. Angespornt auch durch die Worte des tschechischen Staatspräsidenten Ludvík Svoboda, der den Athleten vor der Abreise nach Mexiko seinen Dank ausdrückt, dass sie ihr Training auch unter den Schwierigkeiten der politischen Unruhen fortgesetzt haben, zeigt sie bei ihren dritten Olympischen Spielen Glanzleistungen, die das Publikum und die Kampfrichter gleichermaßen begeistern. Sie gewinnt in drei von vier Geräten die Goldmedaille und siegt außerdem im Achtkampf. Ihre Medaillen widmet sie später den Helden des Prager Frühlings, Ludvík Svoboda, Alexander Dubček, Josef Smrkovský und Oldřich Černík.

Věra Čáslavská wird zum Star der Spiele, auch weil sie das Frauenturnen der damaligen Zeit in Perfektion verkörperte. Anders als heute waren die Übungen an Stufenbarren, Schwebebalken, im Pferdsprung und am Boden noch nicht eine Aneinanderreihung von Höchstschwierigkeiten, sondern anmutige Bewegungsfolgen, bei denen auch die Ausstrahlung der Turnerin zählte. Diese zeigte sie besonders am Boden, wo sie in harmonischem Einklang zu der ihre Kür begleitenden Klaviermusik tänzerische Elemente und Sprungkombinationen verband. Dabei entsprach die Turn-Königin von Mexiko mit ihrem toupierten und zu einem Knoten aufgetürmten Haar auch modisch den Idealen ihrer Zeit. Als sie am Ende dieses aufregenden Jahres zusammen mit Jacqueline Kennedy zur Frau des Jahres gewählt wird, steht sie der amerikanischen Stilikone in ihrer Erscheinung in nichts nach. Zuvor hatte sie, noch in Mexiko, in einer Traumhochzeit, die von mehreren zehntausend Menschen verfolgt wird, den tschechischen Leichtathleten Josef Odložil geheiratet und war dadurch endgültig zum Liebling der Mexikaner geworden.

Zu Hause in der Tschechoslowakei dagegen ist von all dem Jubel und Glamour bald nichts mehr zu spüren. Nach der Niederschlagung der Reformbewegung wird das Land von sowjettreuen Kommunisten regiert, und diejenigen, die ihren Widerstand gegenüber den neuen Machthabern formulieren, werden in ihrer persönlichen und beruflichen Entfaltung stark eingeschränkt. Věra Čáslavská hat später gesagt, dass sie durch ihr politisches Engagement während des Prager Frühlings 20 Jahre ihres Lebens verloren habe. Sie erhält weder die Privilegien, die verdienten Sportlern in den Ostblockstaaten normalerweise zustanden, noch kann sie beruflich Fuß fassen. Sie verschwindet hinter dem Eisernen Vorhang und kann erst zehn Jahre nach ihrem Triumph bei den Olympischen Spielen ihren Wunsch, als Trainerin der Turnelite zu arbeiten, verwirklichen. Auf Einladung der mexikanischen Regierung kümmert sie sich zwei Jahre lang um den Nachwuchs, die Nationalmannschaft und die Trainerausbildung der Turnerinnen in Mexiko.

Das Frauenturnen hatte sich indes verändert und war bereits vier Jahre nach den Spielen von Mexiko zum Kinderturnen geworden. „Věra Čáslavská war damals [1968] 1,60 cm groß, 50 Kilo schwer und 26 Jahre alt. Das wären zwanzig Zentimeter zu groß, zwanzig Pfund zu schwer und zehn Jahre zu alt, um in der heutigen Zeit der Hochgeschwindigkeitsmechanik kindlicher Körper im Frauenturnen noch eine Chance zu haben", heißt es in einer Untersuchung zum Sport im 20. Jahrhundert.

Sie selbst sagte, nachdem sie aus Mexiko zurückgekehrt war: „Aufgabe einer Turnerin ist es, ein ästhetisches Erlebnis zu vermitteln. Dazu bedarf es einer Reife und einer seelischen und körperlichen Harmonie, die dem Kind noch fehlen. Die Technik der jungen Mädchen ist zwar perfekt, aber leer, in ihren Leistungen fehlt die Persönlichkeit."

Věra Čáslavská hatte diese Persönlichkeit – als eine der letzten Spitzensportlerinnen, bei denen der Name Frauenturnen noch gerechtfertigt war, und als politisch engagierte Frau. Seit 1989 konnte sie noch einmal einen Reformprozess in ihrem Land begleiten, der diesmal von längerer Dauer sein sollte. Ihr Name und ihre Meinung waren auch 20 Jahre nach ihrem stummen Protest bei der Siegerehrung der Olympischen Spiele von Mexiko von solchem Gewicht, dass sie an der Seite von Václav Havel zur Symbolfigur der Samtenen Revolution und später seine Beraterin und Präsidentin des tschechischen Olympischen Komitees wurde.

Věra Čáslavská wurde 1942 in Prag geboren. Als Kind erhält sie, unterstützt von ihren Eltern, Unterricht in Ballett und Eiskunstlauf und wechselt als Jugendliche zum Geräteturnen. Bereits kurze Zeit später nimmt sie an Europa- und Weltmeisterschaften teil. Ihre größten Erfolge feierte sie bei den Weltmeisterschaften 1966 in Dortmund sowie den Spielen von Tokio 1964 und Mexiko-City 1968, wo sie insgesamt sieben olympische Goldmedaillen gewann.

Neben ihrer sportlichen Laufbahn wurde sie durch ihr politisches Auftreten während des Prager Frühlings und während der Samtenen Revolution als Unterstützerin von Václav Havel bekannt, der sie in der Folge als Beraterin engagierte.

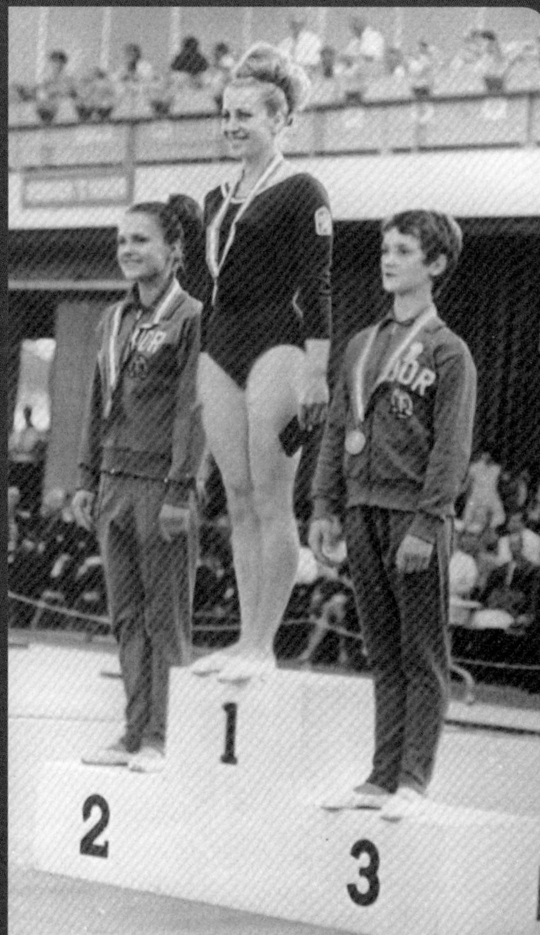

Direkt im Anschluss an die Olympischen Spiele 1968 heiratet Věra Čáslavská den tschechischen Leichtathleten Josef Odložil. Mit ihm und den gemeinsamen Kindern lebt sie von 1979 bis 1981 in Mexiko und arbeitet dort als Trainerin. Die Ehe wird 1987 auch aufgrund der Repressalien, denen sich die Familie in Folge von Čáslavskás politischem Engagement ausgesetzt sieht, geschieden. 1993 kommt es bei einem Streit zwischen Josef und seinem Sohn zu einer gewalttätigen Auseinandersetzung, bei der Martin seinen Vater so schwer verletzt, dass dieser wenige Wochen später stirbt. Martin wird zu vier Jahren Haft verurteilt und später von Präsident Havel begnadigt. Věra Čáslavská zieht sich nach diesem Schicksalsschlag psychisch angeschlagen zurück und tritt erst viele Jahre später wieder in der Öffentlichkeit auf. Sie stirbt 2016 in Folge einer Krebserkrankung.

Die tschechische Dokumentarfilmerin Olga Sommerová hat über Věra Čáslavská den Film „Věra 68" gedreht, außerdem gibt es eine Autobiografie von Věra Čáslavská sowie eine Biografie der Turnerin von Pavel Kosatik, beide jedoch nur in tschechischer Sprache.

Für die Übersetzung aus dem Tschechischen danken wir Veronika Wagnerova, München.

Aufgeben gilt nicht!

Marika Kilius

Schon ihr Name war Programm. Noch bevor ihre Mutter wusste, welches Geschlecht ihr Kind haben würde, stand fest: Marika sollte es heißen, nach Marika Rökk, die als Schauspielerin, Tänzerin und Sängerin in den 1930er Jahren das Idol einer ganzen Frauengeneration war. Später dann war es Marika Kilius selbst, die eine ähnliche Rolle ausfüllte. Wenn sie mit ihrem Partner Hans-Jürgen Bäumler bei Weltmeisterschaften und Olympischen Spielen gegen ihre Konkurrenten Ljudmila Beloussowa und Oleg Protopopow antrat, fieberte die ganze Nation vor den Fernsehbildschirmen mit, haderte mit den Preisrichterinnen und wünschte sich, dass die beiden auch privat das Traumpaar würden, das sie auf dem Eis längst verkörperten. Marika Kilius war nicht nur Spitzensportlerin, bühnenreifes Auftreten und eine Portion Glamour machten sie zur Eisprinzessin und zum Star der 1950er- und 1960er Jahre.

Bereits mit zwei Jahren erhielt die kleine Marika Ballettunterricht, bald darauf kam die „Kautschukschule“ und nicht viel später die Frankfurter Rollschuhbahn; alles durchgeplant von der Mutter, die die Karriere ihres einzigen Kindes mit Kalkül und Geschick vorantrieb. In den Nachkriegsjahren reichten manchmal schon eine warme Wohnung, Kaffee oder ein Päckchen Zigaretten, um Ballettunterricht zu ermöglichen. Und es dauerte nicht lange, da ging die talentierte Tochter selbst „anschaffen“, wie es damals hieß: Rollschuhvorführungen vor den seinerzeit in Frankfurt stationierten Amerikanern im dortigen I.G.-Farben-Haus wurden mit Hershey-Schokolade, Butterfingern und Zigaretten belohnt.

Ein gesunder Pragmatismus und wohl auch die Erkenntnis, dass sie mit außergewöhnlichem Talent gesegnet war, hat sie davor bewahrt, damit zu hadern, dass sie die Träume ihrer Mutter verwirklichen sollte und ihr Lebern aus hartem Training, Schule und abendlichen Auftritten bestand. „Es kam mir nicht in den Sinn, dass mein Leben nicht kindgerecht verlief. So war es eben“, hat sie dazu gesagt und dass sie nur das machte, was von ihr erwartet wurde – und manchmal ein paar Zentimeter mehr.

Zu den Rollschuhen kamen die Schlittschuhe, als die Mutter im 45 km von Frankfurt entfernten Bad Nauheim eine Eisbahn gefunden hatte. Mutter und Tochter machten sich abends gegen neun Uhr auf den Weg, damit Marika ab 22 Uhr, wenn die Bahn für den öffentlichen Lauf geschlossen wurde, noch zwei Stunden bis Mitternacht trainieren konnte – am nächsten Morgen Schule, und die Trainingstretmühle ging von vorne los. Aber es lohnte sich: Mit acht Jahren nahm sie, nachdem man ihretwegen die Altersbegrenzung aufgehoben hatte, bei den Deutschen Jugendmeisterschaften teil. Mit ihrem ersten Partner Franz Ningel gewann sie die Deutschen Meisterschaften im Rollkunstlauf und im Eiskunstlauf der Paare von 1955 bis 1957; bei den Europameisterschaften in diesen Jahren wurden sie dritte, bei den Weltmeisterschaften 1956 ebenso, im Jahr darauf errangen sie in Colorado Springs Silber. Mit 15 wurde sie jüngste deutsche Weltmeisterin im Rollkunstlauf. Und dies war erst der Anfang.

Aus dem Wunderkind wurde ein umjubelter Star und, nachdem sie Franz Ningel im wahrsten Sinn des Wortes über den Kopf gewachsen war, eine Eisprinzessin, die mit ihrem neuen Partner Hans-Jürgen Bäumler die Massen verzauberte und auch

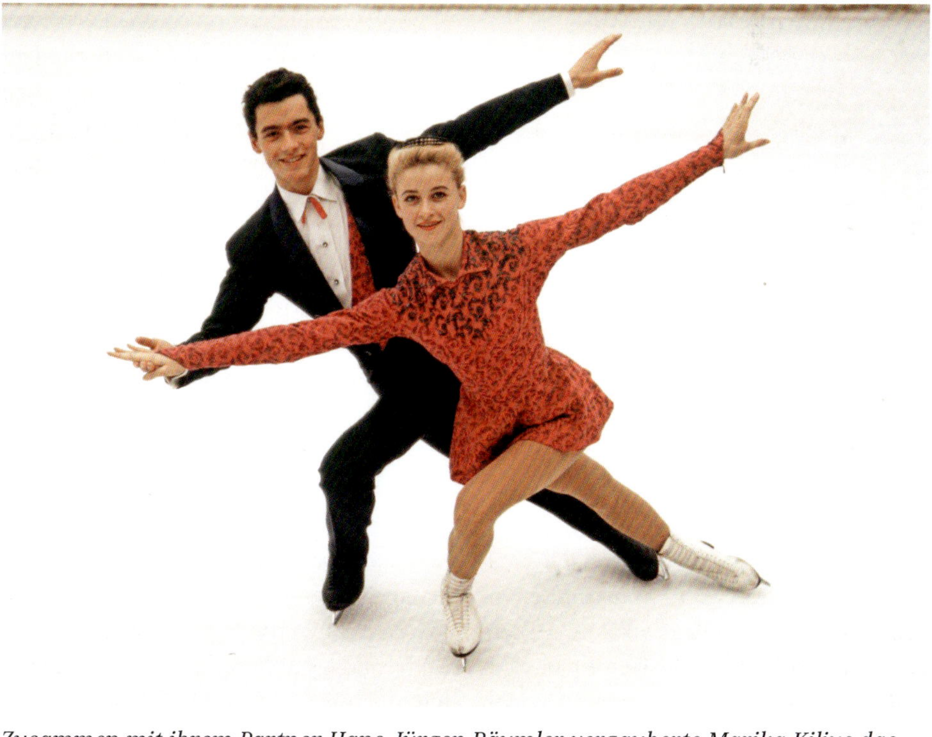

Zusammen mit ihrem Partner Hans-Jürgen Bäumler verzauberte Marika Kilius das Publikum mit Sternstunden des Eiskunstlaufs – zuerst bei Weltmeisterschaften und Olympischen Spielen und später bei internationalen Eisrevuen.

jenseits der sportlichen Erfolge in den Boulevardblättern Berühmtheit erlangte. In ihrer Autobiografie beschreibt Marika Kilius sehr anschaulich, wie sich das erste gemeinsame Training unter den strengen Augen von Trainer Erich Zeller und der beiden Mütter gestaltete. Bei der Aufgabe gemeinsam einen Walzer zu tanzen, fragte Hans-Jürgen, der das erste Mal mit einer Partnerin auf dem Eis lief, ob er Marika auch hochheben müsse. Der Antwort von Erich Zeller, dass er das ja noch gar nicht könne, folgten die Meinungen der ehrgeizigen Mütter:

„Natürlich kann mein Jürgen das", mischte sich seine Mutter ein.

„Meine Marika wiegt fast nichts", ergänzte meine Mutter.

„Das ist alles eine Frage der Technik", erklärte Herr Zeller. „Aber die muss man beherrschen."

„Die Marika kann das alles schon", erklärte meine Mutter.

(aus ihrer 2013 erschienenen Autobiografie „Pirouetten des Lebens")

Eine harte Schule, und trotzdem verstanden sich die beiden gut und hatten auch abseits des harten Trainings in Garmisch oder Oberstdorf eine Menge Spaß, besonders bei nächtlichen, natürlich heimlichen, Ausflügen mit den anderen Eisläufern.

Auch wenn Marika Kilius 1964 nicht ihren Eisprinzen Hans-Jürgen Bäumler, sondern den Fabrikantensohn Werner Zahn heiratete, glich die Hochzeit der eines Königspaars: Die Trauung wurde live im Fernsehen übertragen, Zehntausende standen am Wegesrand, um der Kutsche, die von sechs Pferden gezogen wurde, zuzuwinken.

Das war die eine Sensationsmeldung des Jahres 1964, und auch für eine weitere hatten Kilius/Bäumler bereits zu Beginn des Jahres gesorgt: Bei den Olympischen Spielen in Innsbruck waren sie von der kanadischen Kampfrichterin offensichtlich ungerecht bewertet worden, sodass es statt der erhofften Goldmedaille „nur" Silber gab. „Wütend hockten Hunderttausende in der Bundesrepublik am Mittwochabend … vor ihren Mattscheiben. Der Zorn des Fernsehvolks galt einer Frau: Susan Francis-Morrow, 33, aus Kanada, Preisrichterin mit der Nummer 4 beim olympischen Eiskunstpaarlauf auf der Eisbahn von Innsbruck. … Deutsche von nah und fern protestierten gegen die Preisrichterin aus Toronto, weil sie glaubten, daß Deutschlands Weltmeisterpaar Marika Kilius und Hans-Jürgen Bäumler nur durch die von der Kanadierin erteilten ungewöhnlich niedrigen Wertnoten nicht die erhoffte Goldmedaille gewann", hieß es im „Spiegel".

„Aufgeben gilt nicht", ist das Motto von Marika Kilius, und was folgte, war nicht der Ausstieg, sondern eine Sternstunde: die Weltmeisterschaftskür in der Westfalenhalle in Dortmund im Februar 1964, eine Hommage an die russischen Konkurrenten Ljudmila Beloussowa und Oleg Protopopow, ein Späßchen, das hervorragend gelang und mit der Goldmedaille belohnt wurde. Aufgeben war auch nach der Amateurlaufbahn nicht angesagt. „Die große Kür" setzte sich fort mit dem gleichnamigen Film, die Wiener Eisrevue und Holiday on Ice riefen, eine Karriere als internationaler Showstar, die noch fast weitere 25 Jahre währte. Madame Butterfly, die Rösslwirtin, die Lustige Witwe, beliebte Stoffe aus Film und Operette brachte sie – auch weiterhin im Team mit Hans-Jürgen Bäumler – aufs Eis, dazwischen zwei Kinder zur Welt. Sie führte ein Leben im Jet Set an der Seite der Schönen und Berühmten und wagte schließlich – mit 40 Jahren – einen Neuanfang als Sololäuferin in den damals angesagten Discorhythmen. Man hätte auch ihr eigenes Leben verfilmen können.

Glücklich, wer wie sie nach den Jahrzehnten im Rampenlicht und nach all den Erfolgen sagen kann: „Ich hatte geglaubt, mein Leben sei immer wahnsinnig spannend gewesen. Aber jetzt ging es erst richtig los. Jetzt endlich war die Zeit gekommen, dass sich das Leben in mir offenbaren konnte. Staunend stellte ich fest: Innen ist es viel spannender als außen!"

Nach fast vier Jahrzehnten erfolgreicher Karriere auf dem Eis: Können Sie Ihre Küren heute noch in Gedanken laufen?

Ja, wenn die Musik läuft, zum Beispiel La Traviata. Da kenne ich immer noch jeden Schritt und könnte grad' mitlaufen. So eine Kür hat man ja einen ganzen Sommer lang einstudiert, die läuft dann ganz automatisch ab.

Als Sie in den 60er Jahren gemeinsam mit Hans-Jürgen Bäumler ihre großen Küren liefen, waren neben der Perfektion immer auch Emotionen auf dem Eis, und die Paare wurden auch als Persönlichkeiten wahrgenommen.

Früher hatte jedes Paar seine eigenen Prioritäten und konnte die auch auf dem Eis zeigen. Das ist durch das strenge Reglement heute leider nicht mehr möglich. Jürgen und ich konnten besonders die Einzelsprünge gut, weil wir die ja vorher schon als Einzelläufer gemacht hatten, ich mit Rollschuhen, Jürgen auf dem Eis. Und unsere Hauptkonkurrenten, Ljudmila Beloussowa und Oleg Protopopow, liefen mehr tänzerisch und taten sich in den Hebefiguren leichter, weil Ljudmila sehr zierlich war und wesentlich klei-

ner als Oleg. Die Bewertung war dann oft genug eine Ermessensfrage, aber das hat es eben auch interessant gemacht.

Richtig glamourös wurde es, als Sie nach Ihrer Amateurkarriere bei der Wiener Eisrevue und Holiday on Ice aufgetreten sind. Was hat Ihnen besser gefallen?

Also, Meisterschaften zu gewinnen ist auch kein Fehler. Da wird man nach der ganzen Arbeit so ein bisschen in den Himmel gehoben. Aber dann ging's gleich weiter, und man war ganz schnell wieder am Boden. Beim Showgeschäft hatte ich gedacht, jetzt könnte ich mich etwas ausruhen. Das war allerdings komplett falsch, denn in der Show musste man einfach immer präsent sein. Wir waren ja acht Monate im Jahr in der Schau und hatten manchmal drei Auftritte am Tag. Beim Deutschen Eistheater zeigten wir ganze Theaterstücke – da musste ich von einem Kleid ins nächste, von einer Perücke in die andere, das war schon ziemlich anstrengend. Aber mir hat's in der Schau viel Spaß gemacht, das Arbeiten mit den verschiedenen Leuten und das Darstellerische mochte ich.

Bei Holiday on Ice haben Sie am Ende Ihrer Karriere noch einmal etwas ganz Neues gewagt.

1983 hatte Jürgen beschlossen, mit der Show aufzuhören, und danach wollte ich etwas ganz anderes machen, auch damit man nicht den Vergleich zu unseren früheren Auftritten hatte. Mit meinem neuen Partner Billy Binkowski wechselte ich das Fach und stieg um ins Adagio. Es besteht aus komplizierten Hebungen und Schleuderfiguren, zum Beispiel der Einfußschleuder, bei der der Mann die Frau in einem Höllentempo im Kreis rauf und runter schleudert. Alles, was man in einer Paarlaufkür nicht machen darf, weil es zu gefährlich ist, alles, was nur auf Schlittschuhen möglich ist und spektakulär aussieht, ist Adagio. Damals war ich schon über 40, aber ich hatte mit Billy einen guten Partner gefunden.

Haben Sie eigentlich auch eine Figur wie den Axel oder den Rittberger erfunden?

Ja, den Cartwheel, eine Hebefigur. Da habe ich über Jürgen ein Rad gedreht, aber leider haben wir die Figur nicht nach uns benannt. Sie könnte sonst heute das Kilius-Rad heißen.

Berühmt geworden sind Sie dennoch. Mochten Sie es, ein Leben in der Öffentlichkeit zu führen?

Ich war es ja nicht anders gewöhnt. Mein erstes Titelbild hatte ich, als ich vier Jahre alt war – auf der Zeitschrift „Weekend" bin ich zu sehen, wie ich einem amerikanischen GI das Rollschuhlaufen zeige. Ich fand es auch später schön, das Publikum zu begeistern und mitzureißen und habe die Anteilnahme als positive Energie empfunden. Das ist heute noch so: Wenn ich durch Frankfurt laufe, werde ich immer noch angesprochen auf die alten Zeiten.

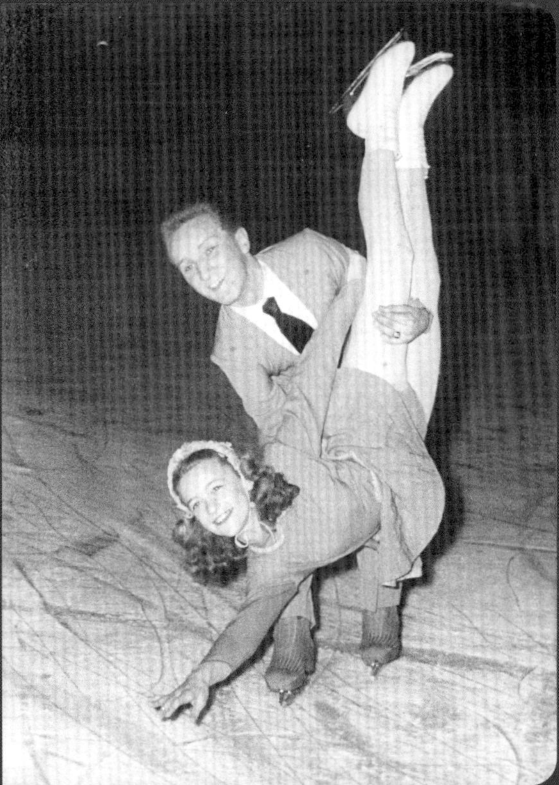

Marika Kilius wurde 1943 in Frankfurt am Main geboren. Mit drei Jahren bekommt sie von der ehrgeizigen Mutter ihre ersten Rollschuhe, bald darauf Schlittschuhe und nimmt mit acht bereits mit ihrem Partner Franz Ningel an den Deutschen Jugendmeisterschaften teil. Von 1955 bis 1957 werden die beiden Deutsche Meister im Rollkunstlauf und im Eiskunstlauf der Paare, erringen jeweils eine Bronzemedaille bei den Europa- sowie einmal Bronze und einmal Silber bei den Weltmeisterschaften. 1958 wird Marika Kilius mit 15 Jahren im Rollkunstlauf jüngste deutsche Weltmeisterin aller Zeiten.

Nach der Trennung von Franz Ningel konzentriert sie sich ganz auf das Eislaufen und findet mit Hans-Jürgen Bäumler einen neuen Partner, mit dem sie neben etlichen Deutschen und Europameisterschaften auch die Weltmeisterschaften 1963 in Cortina d'Ampezzo und 1964 in Dortmund gewinnt. Im gleichen Jahr beendet sie ihre Amateurkarriere. Nach Schallplatten- und Filmaufnahmen tritt sie noch weitere 23 Jahre bei Eisrevuen wie Holiday on Ice oder der Wiener Eisrevue auf.

Marika Kilius wurde 2011 in die Hall of Fame des deutschen Sports aufgenommen. 2013 erschien ihre Autobiografie „Pirouetten des Lebens".

Ballspielerinnen

Ballsport ist nicht gleich Ballsport, besonders dann, wenn es darum geht, ob er aus männlicher Sicht für Frauen angemessen ist oder nicht. So schrieb der niederländische Psychologe und Anthropologe Jacobus Johannes Buytendijk 1953: „Es ist noch nie gelungen, Frauen Fußball spielen zu lassen, wohl aber Korbball, Hockey, Tennis und so fort. Das Treten ist wohl spezifisch männlich, ob das Getretenwerden weiblich ist, lasse ich dahingestellt."

Tatsächlich spielten Frauen schon vor hundert Jahren Tennis, Golf und Hockey. In langen Röcken und mit wenig Körperkontakt schien der Ballsport auch für Damen schicklich und hatte seit jeher eine hohe gesellschaftliche Akzeptanz. Ein halbes Jahrhundert nach Buytendijk haben hierzulande auch die Fußballerinnen diese erreicht – und mit ihren Erfolgen bei großen Turnieren die Aussagen des niederländischen Psychologen endgültig widerlegt.

Breitensport in Perfektion

Constance Applebee

„An diesem ersten Tag im September 1924 verneigen wir, die Herausgeberinnen der ‚Sportswoman' uns vor der Öffentlichkeit. Nach einem langen und mühsamen Kampf, vor allem in den Schulen und Hochschulen und zuletzt beim Amerikanischen Hockeyverband, kommt der Frauensport endlich zu seinem Recht. Wir denken deshalb, dass der Zeitpunkt günstig ist, dass ‚Sportswoman' die Arena betritt, und wir sind zuversichtlich, dass eine Frauenzeitschrift, die von Frauen gemacht wird und sich allen Sportarten widmet, die Frauen betreiben, die die Interessen aller Sportlerinnen verbindet und den Austausch unter ihnen fördert, einem echten Bedürfnis entspricht. Wir vertrauen unserer Leserschaft. Wir schreiben nur für wahre Sportliebhaber. Sie allein werden unsere Leserinnen und Leser sein. Alle anderen wird es nicht interessieren."

Es waren hehre Worte, die Constance Applebee und ihre Mitstreiterinnen ihrem Vorhaben voranstellten. Selbstbewusst und kämpferisch leiteten sie die erste Ausgabe der „Sportswoman" ein, einer der ersten Zeitschriften weltweit, die sich dem Frauensport widmeten. Der Zeitpunkt war gut gewählt: In den 20er Jahren etablierte sich Sport als ernstzunehmende Freizeitbeschäftigung, die sowohl moderne Ideale wie Fitness und Vitalität, als auch traditionelle Werte wie Disziplin und harte Arbeit verkörperte. Die Herausgeberinnen und Autorinnen der Zeitschrift waren dafür die besten Beispiele: Sie hatten sich als erfolgreiche Athletinnen, aber auch als Trainerinnen und Repräsentantinnen von Sportverbänden einen Namen gemacht und gezeigt, dass Sport für Frauen auch ein Schritt zur Gleichberechtigung war. Viele von ihnen kamen wie Constance Applebee vom Hockey, und Berichte über nationale und internationale Hockey-Meisterschaften, aber auch über Wettbewerbe von Schulen und Hochschulen nahmen einen großen Teil des Magazins ein. Daneben konnten die Leserinnen sich über eine Vielzahl anderer Sportarten wie Basketball, Tennis, Eislaufen und Golf informieren und herausragende Athletinnen in Porträts kennenlernen; immer wieder wurden auch damals neue Sportarten ausführlich beschrieben und vorgestellt.

Für Constance Applebee war „The Sportswoman" ein weiterer erfolgreicher Schritt, den Frauensport zu fördern und bekannt zu machen. Begonnen hatte ihr Engagement bereits gut 20 Jahre zuvor im Sommer 1901, als die junge Engländerin einen Sportkurs im Sommerprogramm der Universität von Harvard besuchte. In ihrer Heimat hatte sie zuvor an der Hochschule für Sportpädagogik in London studiert und danach an einer Mädchenschule in Yorkshire unterrichtet sowie private Übungsstunden zur körperlichen Ertüchtigung für Frauen und Kinder gegeben. Dabei konnte sie auf eigene Erfahrungen zurückgreifen – sie selbst hatte als junges Mädchen durch den Sport ihre schwache Konstitution überwunden und zu körperlicher Stärke gefunden.

In Harvard traf sie auf amerikanische Kolleginnen, die wie sie von der Bedeutung sportlicher Betätigung für Frauen überzeugt waren und großes Interesse an einem Austausch hatten. Applebee zeigte ihnen eine traditionelle Sportart ihrer Heimat, die sich dort bereits seit einigen Jahren auch für Frauen etabliert hatte, die man in den USA aber bis dahin kaum kannte: Hockey. Die improvisierte Demonstration muss höchst eindrucksvoll gewesen sein, denn sie gilt bis heute als der Beginn von Hockey in Amerika. Tatsächlich hatte Constance Applebee die Sportdirektorin eines Colleges im Bundesstaat New York mit ihrer Vorführung derart überzeugt, dass diese sie einlud, Hockey nicht nur an ihrer, sondern auch an verschiedenen anderen Mädchenschulen bekannt zu machen. Constance Applebee hatte ihre Mission gefunden. Für sie war Hockey die ideale Sportart für Frauen, denn: „Wir Frauen sind soziale Wesen, und Hockey ist ein Spiel der Kameradschaft und der Freundschaft."

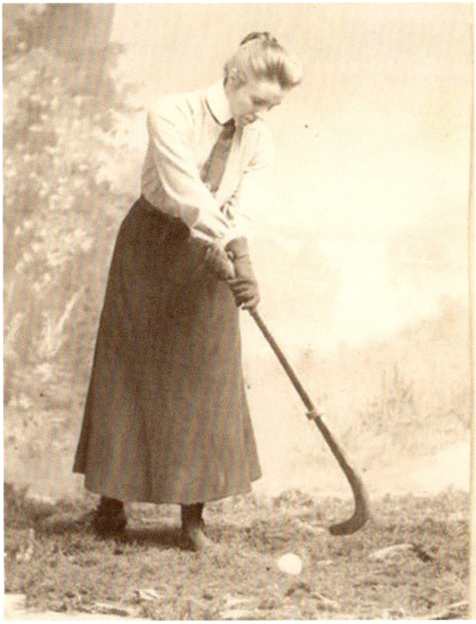

Constance Applebee machte Hockey in den USA populär und war Herausgeberin einer der ersten Sportmagazine für Frauen.

Sie veröffentlichte ein Hockey-Regelwerk und besuchte in den folgenden Jahren mehrere Schulen im Nordosten der Vereinigten Staaten. 1904 wurde sie selbst Fachbetreuerin für Sport an der Hochschule von Bryn Mawr in Pennsylvania.

Bis heute hält das College, an dem Applebee in den kommenden Jahren auch noch eine medizinische Fachschaft gründete, die Erinnerung an sie wach. Ehemalige Schülerinnen wie Cynthia Watson, die später mit ihr „The Sportswoman" herausgab, erinnerten sich voller Hochachtung an sie:

„Für jemanden, der es nicht selbst erlebt hat, ist Miss Applebees außerordentliches Talent als Hockey-Trainerin nur schwer zu beschreiben. Sie war in der Lage, 22 Spielerinnen, die nie zuvor ein Hockeyspiel oder auch nur einen Hockeyschläger gesehen hatten, in weniger als einer halben Stunde dazu zu bringen, Hockey zu spielen. Man wurde durch sie dazu angetrieben, nur sein Bestes zu geben und wollte immer weiterspielen."

Dabei war „The Apple", wie Constance Applebee von allen genannt wurde, in ihren Methoden keineswegs zimperlich und ihre teils wüsten Beschimpfungen der Spielerinnen vom Spielfeldrand sind legendär. Trotzdem schaffte sie es, dass in den 25 Jahren, die sie in Bryn Mawr unterrichtete, zeitweise 90 Prozent aller Studentinnen Hockey spielten und 26 Teams für innerschulische Wettbewerbe aufgestellt werden konnten.

Constance Mary Catherine Applebee wurde 1873 in Chigwell, England, geboren. 1901 nahm sie an einem Sommerkurs der Universität Harvard teil und führte in den kommenden Jahren Hockey als neue Sportart in den USA ein. Bis ins hohe Alter pendelte sie zwischen England und den USA, erst mit über 90 Jahren kehrte sie endgültig in ihre Heimat England zurück, wo sie aber weiterhin den Kontakt zu amerikanischen Hockeyspielerinnen aufrecht erhielt. Constance Applebee starb 1981 mit 107 Jahren. Die von ihr mitbegründete Zeitschrift „The Sportswoman" erschien von 1924 bis 1936.

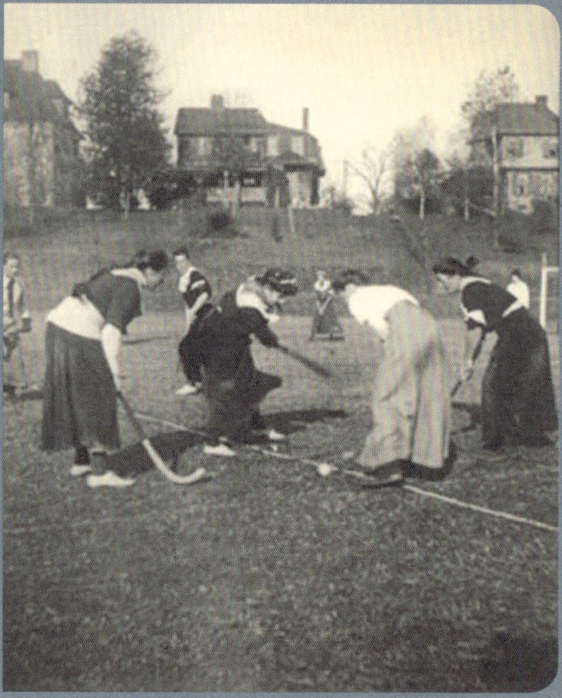

Die Mission war geglückt, und Constance Applebee dehnte sie weiter aus. Sie wurde Mitbegründerin des Amerikanischen Hockey-Verbandes und richtete 1922 in Pennsylvania ein jährliches dreiwöchiges Hockey-Camp ein, für das sie die besten Hockeyspieler und -trainer aus England, Irland und Schottland, ja sogar aus Südafrika und Australien engagierte. Von den Teilnehmerinnen wurden Disziplin, Perfektion und hundertprozentiger Einsatz gefordert: Zusätzlich zu den dreimal am Tag stattfindenden Trainingseinheiten mussten sie am Abend noch englische Volkstänze einstudieren.

Dennoch war Constance Applebee vor allem eine engagierte Verfechterin des Breitensports. Ihr Anliegen war es, dass möglichst jede Frau die Möglichkeit haben sollte, Sport zu treiben, um ein starkes Mitglied der Gesellschaft zu werden. Dem Profisport und seinem von männlichen Kriterien geprägten, oft einseitigen Wettkampfcharakter stand sie dagegen stets skeptisch gegenüber – lange bevor Schattenseiten des Spitzensports wie Doping ein Thema wurden.

Beim Hockey konnten Frauen zur damaligen Zeit in Amerika ihre eigenen Organisationsstrukturen und Wertvorstellungen verwirklichen, denn hier gab es noch keine männlich dominierte Tradition. Das Spiel war zu Beginn des vergangenen Jahrhunderts in Amerika für Männer ebenso neu wie für Frauen. Constance Applebee bot es die Möglichkeit, Perfektion mit der Freude am Spiel zu verbinden. Noch im hohen Alter schrieb sie in einem Brief an eine Dozentin für Sportdidaktik an der Universität Washington: „Es ist meine große Hoffnung, dass Hockey, eine der letzten Bastionen eines reinen Sports, in der Lage sein wird, sich den negativen Seiten der Professionalisierung zu widersetzen und dass Sie, Ihre Kinder und junge Menschen über Generationen hinweg dieses Spiel allein aus Vergnügen und der Freude an Fitness und Kameradschaft spielen können."

„Hier kommt Babe"

Mildred Didrikson Zaharias

„Ich habe in nationalen und internationalen Turnieren gespielt, bei denen der Name des Siegers in der ganzen Welt bekannt wurde. Aber kein anderer Sieg, weder vorher noch danach, erschien mit wichtiger als der der Texas Open, als ich mich 1935 darauf vorbereitete.

Das Turnier war für Ende April geplant, im Januar begann ich mit dem Training. Ich musste noch viel lernen. Bis jetzt hatte ich das Golfspielen zu oft unterbrochen, sodass ich es nicht wirklich beherrschte. An den Wochenenden spielte ich zwölf bis sechzehn Stunden jeden Tag. Während der Arbeitswoche stand ich im Morgengrauen auf und trainierte von 5.30 Uhr bis 8.30 Uhr, bis ich ins Büro musste. Ich arbeitete bis zum Mittagessen, aß dann schnell ein Sandwich und verbrachte den Rest meiner Mittagspause beim Üben im Büro des Chefs, das das einzige war, das einen Teppich hatte. Für meinen Chef war das in Ordnung. Ich schlug die Bälle vom Teppich in einen Ledersessel, den man in eine Ecke gegenüber des Fensters geschoben hatte. Dabei stand ich vor einem Spiegelschrank und kontrollierte, ob meine Haltung und mein Griff genau so waren, wie Stan Kertes und George Aulbach es mir gezeigt hatten.

Nach der Mittagspause begab ich mich bis halb vier wieder an die Arbeit. Dann hatte ich frei und konnte auf den Golfplatz gehen. George Aulbach trainierte eine Stunde lang mit mir. Danach übte ich stundenlang die verschiedenen Arten, den Ball zu schlagen. Ich schlug die Bälle, bis meine Hände blutig und wund waren. Meine Hände waren vollständig verbunden, und der ganze Verband war voller Blut. Nachdem es zu dunkel geworden war, um weiter zu üben, ging ich nach Hause und aß zu Abend. Dann ging ich mit einem Buch über Golfregeln ins Bett. Ich wette, ich habe dieses Buch 25 Mal Zeile für Zeile gelesen. Wenn ich heute mit irgendjemandem spiele und eine Regel ist unklar, heißt es ‚Frage Babe'." (Übersetzung aus: Babe Didrikson Zaharias: This Life I've Led: My Autobiography, New York 1955)

Die 20-jährige Texanerin Mildred Didrikson ist bereits ein Star in der Sportwelt, als sie diese Schinderei auf sich nimmt, um die Golfmeisterschaften ihres Heimatstaates zu gewinnen. Sie hat sensationelle Erfolge im Basketball und in fast allen Disziplinen der Leichtathletik erzielt, die sie mit drei Medaillen bei den Olympischen Spielen 1932 krönen kann – ein Wunderkind und eine Allrounderin, die, egal in welcher Sportart sie auch antritt, sofort Spitzenleistungen zeigt. Und doch stehen ihre größten Erfolge, die sie zu einer der bedeutendsten Sportlerinnen des 20. Jahrhunderts werden lassen, damals noch aus.

Die Anlagen dazu zeigt sie bereits in jungen Jahren. Mildred wächst zusammen mit sechs Geschwistern als Kind norwegischer Einwanderer in der texanischen Kleinstadt Beaumont auf. Sport wird hier als Mittel der Selbstbehauptung gesehen, als Weg zu Stärke und Erfolg. Der Verdienst des Vaters als Schreiner reicht nur für die Grundversorgung, aber er baut den Kindern im Hinterhof des Hauses einen Sportplatz mit Gewichten und Hindernissen und liest ihnen Sportberichte aus der Zeitung vor. „Ich werde ihnen gute Körper bauen", so zitiert ihn Mildred später in ihrer Autobiografie. Als er ihr die Berichte über die Olympischen Spiele 1928 in Amsterdam zeigt, steht für sie fest, dass sie bei den nächsten Spielen mit dabei ist. Sie übt Hürdenlauf, indem sie über die Hecken in der Nachbarschaft springt, spielt mit den Jungen aus ihrem Viertel Baseball, außerdem Basketball in der Mannschaft ihrer Schule. Dort macht sie sich als Punktejägerin schnell einen Namen und fällt bei einem Auswärtsspiel dem Trainer eines Firmenteams aus Dallas auf, der ihr einen Platz in seiner Mannschaft und eine Stelle als Sekretärin in dem Unternehmen anbietet.

Mildred ist inzwischen 16 Jahre alt, aus dem familiären Kosenamen *Baby* ist *Babe* geworden – in Anlehnung an Babe Ruth, der damals bereits als Baseballstar zum Nationalhelden der USA geworden war. Und sie ist selbst auf dem besten Weg, eine Sportlegende zu werden. Mit sensationellen Trefferquoten führt sie ihre Mannschaft zur Meisterschaft der amerikanischen Frauen-Basketball-Liga und wird noch im selben Jahr in das All-American Basketball-Team gewählt.

Um auch die Zeit nach Saisonende zu nutzen, beschließen ihr Trainer und sie, zusätzlich zu der Basketballmannschaft noch ein Leichtathletikteam für die Firma aufzubauen. Ihre Schilderung darüber zeigt anschaulich, wie Babe sich inzwischen selbst als Star sieht:

Ich sagte: „Colonel, wie viele Disziplinen gibt es in der Leichtathletik?"

„Nun Babe, ich denke es sind neun oder zehn."

Und ich antwortete: „Gut, dann nehme ich an allen teil."

Wie in jeder anderen Sportart, die sie ausprobiert, trainiert Babe auch hier bis zur Erschöpfung – und bis zum triumphalen Erfolg. Bei den nationalen Leichtathletik-Meisterschaften 1930 und 1931 zeigt sie derart überragende Leistungen, dass sie im Jahr darauf als alleinige Vertreterin ihres Teams in acht von zehn Disziplinen antritt. „Es war einer jener Tage in einem Sportlerleben, an denen man weiß, dass alles richtig ist. Du glaubst, dass du fliegen kannst. Du fühlst dich wie eine Feder, die in der Luft schwebt", schreibt sie in ihren

Lebenserinnerungen. „Als mein ‚Team‘ angekündigt wurde, rannte ich ganz allein hinaus, winkte mit meinen Armen, und das Stadion tobte.“

Sie eilt von einem Wettbewerb zum nächsten und siegt innerhalb weniger Stunden im Hürdenlauf, im Weit- und Hochsprung, im Kugelstoßen, Speer- und Weitwurf und stellt dabei auch noch Weltrekorde auf. Am Ende hat sie die Meisterschaften im Alleingang für ihr Team gewonnen – und sich für die Olympischen Spiele im gleichen Jahr in Los Angeles qualifiziert. Hier darf sie nur in drei von fünf Disziplinen starten. In zwei davon, Hürdenlauf und Speerwurf, erringt sie die Goldmedaille, im Hochsprung springt sie mit 1,657 Metern wie ihre Landsfrau Jean Shiley Weltrekord. Trotzdem erhält sie in einer umstrittenen Entscheidung nur die

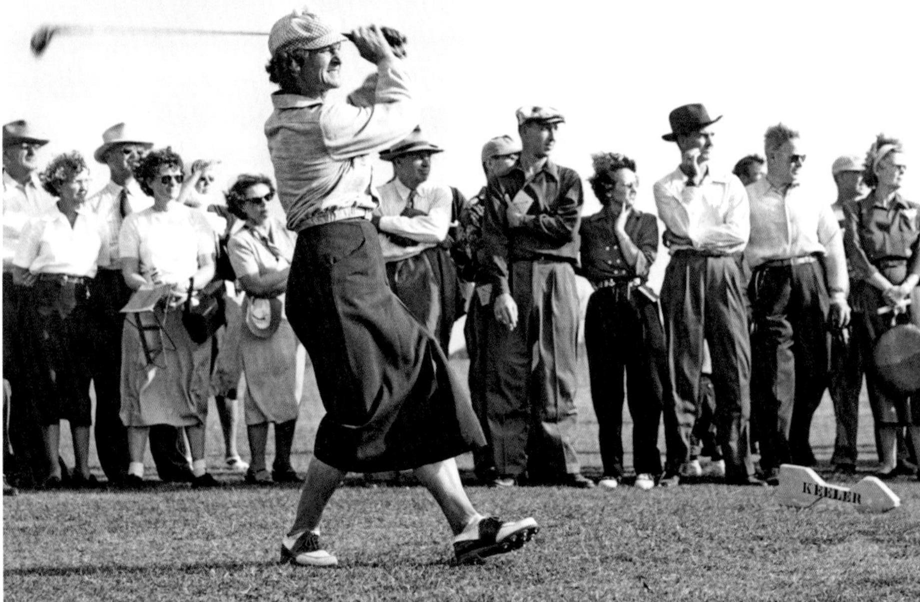

Mildred (Babe) Didrikson brillierte in allen Sportarten, die sie ausprobierte; ihre besondere Leidenschaft galt dem Golfspiel.

Silbermedaille, weil sie die Latte statt im Schersprung im damals noch wenig üblichen Rollsprung bäuchlings und nicht mit den Beinen zuerst überspringt.

Die Presse feiert sie als Star der Olympischen Spiele, als „Amazing Amazon“ und „Iron-Woman“. Die Fotografien in diesen Berichten zeigen eine burschikose junge Frau mit Kurzhaarschnitt, deren muskulöser Körper genauso gut der eines jungen Mannes sein könnte. Und es gibt kritische Berichterstatter, die Vermutungen in dieser Richtung anstellen und ihren Mangel an Weiblichkeit betonen – eine Supersportlerin wie sie ist damals vielen suspekt.

Babe ist unterdessen bereits auf dem Weg zu neuen Herausforderungen. Ein Sportjournalist der Olympischen Spiele lädt sie zu einer Partie Golf ein, und am Ende weiß sie, dass dies die Sportart ist, der sie von nun an alle Energie widmen will. Anders als Leichtathletik ist Golf in den 30er Jahren des vergangenen Jahrhunderts auch eine für Frauen anerkannte Sportart, und für Babe eine Möglichkeit, das wenig schmeichelhafte Image eines geschlechtslosen Muskelpakets loszuwerden.

Im kommenden Jahr trainiert sie – immer so lange wie ihr Geld reicht – wochenweise mit professionellen Spielern in Los Angeles und arbeitet dann wieder bei ihrer alten Firma in Dallas. Sie ist inzwischen so berühmt, dass sie Angebote für Werbeverträge und Auftritte in Unterhaltungsshows erhält. Für Babe ist dies eine Chance, sich ohne finanzielle Sorgen auf das Golfspiel zu konzentrieren, und sie hat Talent, das Publikum mit derben Späßen, musikalischen Darbietungen und sportlichen Kunststücken für sich zu begeistern. Billardturniere und kommerzielle Spiele mit der Babe Didrikson’s All-Americans Basketballmannschaft und dem Baseballteam House of David, in dem sie als einzige Frau mitspielt, bringen ihr weiteren Ruhm und gutes Einkommen. Aber sie gefährden auch ihren Status als Amateurin, und nur als Amateurin hat sie damals die Möglichkeit, Spitzensport zu betreiben.

Ihr erstes Golfturnier spielt sie im November 1934 in Fort Worth, 60 km von Dallas entfernt: „Ich ging hinaus für die erste Runde“, erinnert sie sich. „Jemand fragte mich, wie ich mich einschätze, und ich sagte: ‚Ich denke, ich schaffe es in 77 Schlägen.‘ Ich sagte damals solche Dinge, nicht weil ich schlau sein wollte, sondern weil ich genau so dachte. Solche Äußerungen können dich berühmt machen, wenn sie tatsächlich wahr werden. Und genau so war es. Ich spielte 18 Löcher und meine Schlagzahl war genau 77.“

Noch reicht es nicht für einen Sieg, aber im nächsten Turnier, den Texas Women State Championships, will sie beweisen, dass sie nun auch im Golf die Beste ist. Sie schlägt die langen Bälle bis zu 230 Meter weit, spielt mehrere Birdies, holt die Bälle nach heftigen Regenfällen gekonnt aus Schlammlöchern und siegt in einem spannenden Finale gegen die erfahrene Favoritin Peggy Chandler. Babe hat an diesem Tag das Gefühl, dass sie nun alles erreichen kann. Sie blickt bereits erwartungsvoll zu den nächst größeren, US-weiten Turnieren, als ihr der amerikanische Golfverband mitteilt, dass sie für alle weiteren Amateur-Meisterschaften gesperrt ist, weil sie Profi sei – eine umstrittene Entscheidung, weil sie zwar in vielen anderen Sportarten, aber nicht mit Golf Geld verdient hatte.

Statt die wichtigen Turniere zu spielen, verdingt sie sich in den kommenden Jahren auf Schauturnieren. Mit ihren langen Bällen, die sie oft weiter schlägt als ihre männlichen Konkurrenten, und durch Kunststücke, etwa indem sie fünf Bälle auf dem Tee übereinander legt und so spielt, dass alle gleichzeitig in der Luft sind, wird sie zum Liebling des Publikums. „Ich tat alles dafür, den Leuten eine gute Show zu bieten“, schreibt sie. „Ich sprach in der alten gedehnten Art der Texaner, was sie zu mögen schienen und sagte: ‚Kommen Sie näher heran. Sie haben von Walter Hagen gehört, von Bobby Jones und von Ben Hogan, aber heute sehen sie die Beste.‘“ Tatsächlich spielt sie inzwischen auch in Männerturnieren und lernt bei den Los Angeles Open George Zaharias kennen, den sie im gleichen Jahr, 1938, heiratet.

Für Babe ist das Publikum wesentlicher Bestandteil ihrer sportlichen Darbietungen, aber lieber als in Schauturnieren würde sie bei den großen Amateurmeisterschaften vor Zuschauern spielen. Durch ihre Ehe mit dem erfolgreichen Wrestler erhält sie die dafür nötige finanzielle Unabhängigkeit, und gemeinsam beschließen die beiden 1940, bei der United States Golf Association den Amateurstatus für Babe zu beantragen. Sie kündigt alle kommerziellen Verträge und ist für die folgenden drei Jahre für fast alle Turniere gesperrt – denkt aber in keiner Weise daran, eine Pause einzulegen. Stattdessen probiert sie andere Sportarten wie Tennis und Bowling aus, wo sie – wie könnte es anders sein – ebenfalls Spitzenleistungen zeigt. Zwischendurch trainiert sie weiter Golf und spielt während des Krieges auch auf Wohltätigkeitsturnieren. Golf ist für sie nicht nur die perfekte Sportart, um physische und mentale Stärke zu beweisen, ihr gelingt dadurch auch der soziale Aufstieg aus der hart arbeitenden Unterschicht in gesellschaftlich anerkannte Kreise.

1943 erhält sie ihren Amateurstatus zurück, und noch im gleichen Jahr beginnt ihre Erfolgsgeschichte auf den Golfplätzen der Vereinigten Staaten. Nach Unterbrechungen während der Kriegsjahre finden 1946 wieder alle Turniere statt. Bereits im Jahr zuvor gewinnt sie zum zweiten Mal die texanischen Meisterschaften, zum dritten Mal die Western Women's Open und wird – nach ihren Erfolgen in der Leichtathletik 1932 – erneut von Associated Press zur Sportlerin des Jahres gewählt. Eine Auszeichnung, die sie insgesamt sechs Mal erhält; 1950 kürt sie die Nachrichtenagentur zur Sportlerin eines halben Jahrhunderts. Als sie 1946 die US-amerikanischen Golf-Meisterschaften gewinnt, hat sie erreicht, wovon sie mehr als ein Jahrzehnt geträumt hat.

Im kommenden Jahr setzt sie nach 15 aufeinander folgenden Turniersiegen ihre Erfolgsgeschichte bei den Britischen Meisterschaften in Schottland fort. Wie wohl alle Golfspieler sieht Babe eine Teilnahme an dem bedeutendsten Turnier im Heimatland des Golfs als einen Höhepunkt ihrer sportlichen Laufbahn. „Es gab kein Sportereignis, das mir mehr bedeutet hat als die Teilnahme bei den Britischen Damenmeisterschaften 1947", schreibt sie in ihrer Lebensgeschichte. „Ich hatte mit meinen 15 Siegen in Folge bereits einen Rekord erreicht, der mir viel Publicity einbrachte. Aber durch dieses Turnier in Großbritannien konnte ich auf mehr Titelseiten erscheinen als mit allen 15 Siegen zusammen."

Der unbedingte Wille zu siegen, ist bei Babe immer auch mit dem Streben nach Ruhm verbunden. Diesen sucht sie bereits auf dem Platz, indem sie die Zuschauer entgegen aller britischen Tradition in ihr Spiel mit einbezieht, Kapriolen und Kunststücke zeigt. Vier Tage lang spielt sie jeweils am Vormittag und am Nachmittag im Stechen eine 18-Loch-Runde, hängt eine Konkurrentin nach der nächsten ab, setzt sich gegen Ratschläge ihres Caddies zur Wehr und spielt teilweise unter Par der Männer. Am Ende ist sie nicht nur die erste Amerikanerin, die das traditionsreiche Turnier gewonnen hat, sondern auch zum gefeierten Publikumsliebling der schottischen Zuschauer geworden.

Babes Rückkehr in die Vereinigten Staaten gleicht einem Triumphzug. Noch bevor die *Queen Elizabeth* New York erreicht, kommt eine Abordnung von Journalisten an Bord, denen sie einen Auftritt mit schottischen Tänzen und Liedern bietet. In Denver, wo sie inzwischen mit ihrem Mann George lebt, veranstaltet die Stadt einen Umzug mit mehreren Festwagen, die jeweils eine Sportart, in der sie erfolgreich war, symbolisieren. Hollywood will einen Film mit ihr drehen, und sie wird mit Angeboten für Werbeverträge überhäuft. Zum Ruhm kommt die Chance, mit Golf Geld zu verdienen, eine Aussicht, die Babe jetzt, nachdem sie alle bedeutenden

Amateurturniere gewonnen hat, allzu verlockend erscheint. Noch im Sommer 1947 erklärt sie, dass sie ihren Amateurstatus abgibt und künftig als Proette spielen wird. Eineinhalb Jahre später gründet sie mit Patty Berg die Ladies Professional Golf Association (LPGA) und etabliert damit eine eigene Turnierserie für Profi-Golferinnen.

Babes Erfolgsgeschichte setzt sich im Profisport unvermindert fort. 1950 siegt

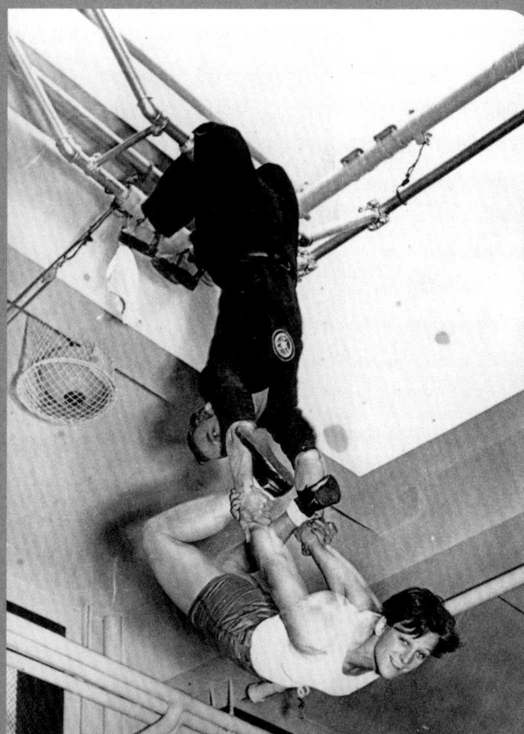

Mildred Ella Didrikson wurde 1911 in der texanischen Stadt Port Arthur geboren, sie starb 1956 in Galveston, Texas. Schon in der Schulzeit zeigte sie erstaunliche Leistungen in den verschiedensten Sportarten, die sie später vor allem im Basketball, in der Leichtathletik und beim Golf zu nationalen und internationalen Erfolgen führten. Sie hat etliche Auszeichnungen erhalten, u. a. als mehrmalige Sportlerin des Jahres von Associated Press, wurde in die World Golf Hall of Fame aufgenommen und von dem Fernsehsender ESPN als einzige Frau unter die zehn bedeutendsten amerikanischen Athleten des 20. Jahrhunderts gewählt. 1981 gab die US-amerikanische Post eine Briefmarke mit ihrem Bild heraus. In ihrer Heimatstadt Beaumont in Texas gibt es ein Babe Didrikson Zaharias Museum, außerdem wurden mehrere Golfplätze nach ihr benannt.

Neben ihrer Autobiografie „This Life I've Led" sind weitere Biografien über sie erschienen, u. a. von der amerikanischen Wissenschaftlerin Susan E. Cayleff („Babe. The Life and Legend of Babe Didrikson Zaharias", Illinois 1995), die den „Mythos Babe" vor dem Hintergrund des Frauenbildes im zweiten Viertel des 20. Jahrhunderts kritisch hinterfragt.

sie nicht nur bei den drei wichtigsten Turnieren der LPGA, den Western Open, den Titleholders Championships und den US Women's Open, sondern auch bei jedem anderen Turnier, an dem sie teilnimmt. Es ist ihr erfolgreichstes Jahr, und genauso stolz wie ihre gewonnenen Titel listet sie in ihrer Autobiografie die damit verbundenen Preisgelder auf.

Aber keine Ruhmesserie kann endlos weitergehen, und bei Babe wird sie auf besonders harte Weise unterbrochen. 1952 muss sie an einem lange ignorierten und inzwischen lebensbedrohlichen Bruch operiert werden. Ein Jahr später erfährt sie, dass sie Darmkrebs hat. Trotzdem kämpft sie sich noch einmal an die Spitze zurück und spielt bereits drei Monate nach ihrer Operation wieder ein Turnier und 1954 die komplette Tour der LPGA – noch einmal gewinnt sie in diesem Jahr die US Women's Open. Im kommenden Jahr kehrt der Krebs zurück, und diesmal erliegt sie dem Kampf gegen die Krankheit. Sie stirbt mit 45 Jahren am 27. September 1956. Präsident Eisenhower, den Babe zwei Jahre zuvor kennengelernt hatte, gibt in einer Presseerklärung seiner Trauer Ausdruck, und Patty Berg, die bis heute den Allzeitrekord aller Golferinnen hält, würdigte sie mit den Worten: „Babe hat das Golfspiel von Frauen verändert, nicht nur weil sie die LPGA auf den Weg gebracht hat, sondern durch ihre Art, Golf zu spielen." Durch ihr kraftvolles Spiel und ihr lockeres Auftreten hat Babe Didrikson Zaharias dem Golfspiel Impulse gegeben, die bis heute nachwirken, durch ihre sensationellen Leistungen wurde sie zu einer der besten Golferinnen aller Zeiten, oder wie Babe es oft vor Turnieren ausgedrückt hat: „Hier kommt Babe, und wer wird Zweiter?"

Steffi Graf

Als Steffi Graf 1972, wie es die Familiengeschichte erzählt, im Alter von drei Jahren erklärte, sie wolle Tennis spielen, verzeichnete der Deutsche Tennis Bund rund 460.000 Mitglieder. 20 Jahre später waren es fast 2,3 Millionen. Dass es zu dieser Entwicklung kam – die inzwischen wieder rückläufig ist –, ist zu einem guten Teil dem Mädchen aus Mannheim zu verdanken, das sich zunächst mit einem abgesägten Schläger im elterlichen Wohnzimmer mit dem Vater die Bälle zuspielte und mit fünf Jahren das erste Mal auf einem Tennisplatz stand. Die einst elitären Tennisvereine öffneten sich in dieser Zeit zunehmend auch breiteren Gesellschaftsschichten, aber noch war von der Popularität, die Tennis bald erlangen sollte, wenig zu spüren.

Für die kleine Steffi jedoch scheint sich schon damals alles um Tennis gedreht zu haben. Sie zeigte Talent und Ausdauer, was den Vater veranlasst, sie mit sechs Jahren im badischen Leistungszentrum in Leimen vorzustellen. Hier ist Boris Breskvar Trainer, und hier trainieren in den 70er Jahren auch andere talentierte Kinder – Boris Becker ist eines von ihnen. Alle sind gut, aber Steffi zeichnet sich aus durch eine überdurchschnittliche Leistungsbereitschaft und die volle Konzentration auf ihr Spiel. Breskvar erinnert sich später: „Es war eine schwierige Zeit. Sie war so jung, die anderen – Becker, Riglewski und Baur – waren stark, und trotzdem wollte niemand gegen sie spielen, weil sie so klein und so verdammt gut war, dass sie die Jungs schlagen konnte. Ich erinnere mich noch daran, dass sie und Rüdiger Haas 1981 die Europameisterschaft gewannen und sie ihn schlagen konnte. Das war einfach nicht normal – der Junge fing an zu weinen."

Für die Familie Graf war der Gewinn der Europameisterschaft der unter 14-Jährigen – und der Sieg bei der Weltmeisterschaft der Nachwuchsspielerinnen in Florida im gleichen Jahr – Grund genug, dass der Vater seinen Beruf als Gebrauchtwagenhändler aufgab, um sich nun ganz auf die Karriere seiner Tochter zu konzentrieren. Diese wechselt ein Jahr später ins Profilager. Sie ist jetzt 13, und anstatt in die Schule zu gehen, die sie im kommenden Jahr mit Sondergenehmigung des Kultusministeriums verlassen darf, reist sie mit ihrer Mutter von Kontinent zu Kontinent, um an der WTA-Tour, den weltweit ausgetragenen Turnieren der Women's Tennis Association teilzunehmen. Ende 1982 wird sie als jüngste Spielerin der WTA auf Platz 214 gelistet.

In ihrem ersten Profiturnier steht Steffi Graf im Oktober 1982 in Filderstadt einem anderen Wunderkind gegenüber, der damals 19-jährigen Amerikanerin Tracy Austin, von der sie in zwei Sätzen klar geschlagen wird. Es folgen die Offenen

Französischen Meisterschaften, Wimbledon, die Australian Open und wieder Wimbledon, eine Verletzung, die sie zu einer viermonatigen Pause zwingt, und viele Niederlagen. Dennoch kämpft sie sich mit jedem neuen Turnier von Runde zu Runde weiter, und bei den Olympischen Spielen von Los Angeles 1984, wo Tennis als Demonstrationssportart für Spieler unter 21 Jahren erstmals seit 60 Jahren wieder zugelassen ist, steht sie im Finale, das sie gegen die Jugoslawin Sabrina Goles gewinnt. Mit 15 Jahren ist sie auf Platz 22 der Weltrangliste vorgerückt.

1985 – es ist das Jahr, in dem Boris Becker Wimbledon gewinnt – spielt sie sich vor auf Platz sechs, obwohl sie in keinem WTA-Turnier siegen konnte. Noch stehen die beiden „alten Damen“ des Tennis, Chris Evert und Martina Navratilowa, vor ihr, die seit mehr als einem Jahrzehnt das Damentennis beherrschen. Doch immer

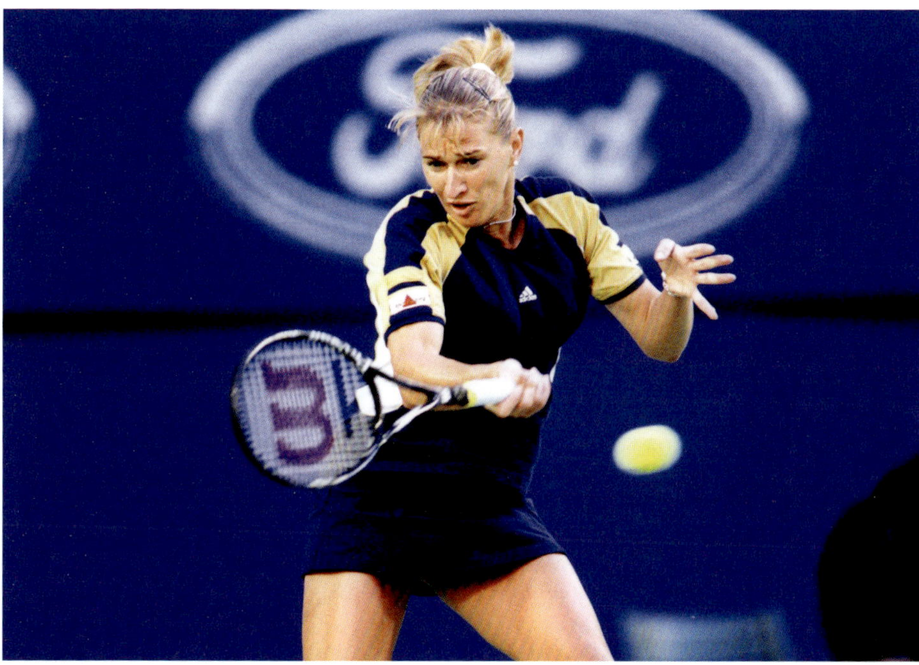

Nach einer einzigartigen Karriere und einem phänomenalen Comeback schafft es Steffi Graf bei den Australien Open 1999 bis ins Viertelfinale.

öfter trifft sie im Finale auf eine der beiden Top-Spielerinnen – und kann sie schließlich schlagen. Mit 16 Jahren hat sie sich von einem dünnen Mädchen mit langen Beinen zu einer starken Sportlerin entwickelt. Im April 1986 gewinnt sie in Hilton Head ihr erstes WTA-Turnier gegen Chris Evert, Siege gegen Martina Navratilowa folgen, und im August 1987 ist es soweit: Im Manhatten Beach Club von Los Angeles besiegt sie im Finale Chris Evert und ist die Nummer eins. Die Wachablösung ist erfolgt, wie Journalisten später schreiben, denn sie verteidigt ihren Platz an der Spitze 186 Wochen lang, länger als irgendeine andere Spielerin zuvor. Sie gewinnt jetzt alle wichtigen Turniere, ein Titel jagt den nächsten, manche sprechen von ihr – nicht unbedingt im positiven Sinn – als einer Siegmaschine, die auf den nächsten Erfolg programmiert ist. Und sie legt noch eins drauf.

1988 gewinnt sie alle vier Grand-Slam-Turniere und obendrein noch die Goldmedaille bei den Olympischen Spielen von Seoul. Aus dem Grand-Slam wird der Golden Slam, mit dem sie das erfolgreichste Jahr ihrer Karriere krönt. Jedes dieser Turniere hat seine eigenen Bedingungen und seine eigene Geschichte. Jeder Platz hat einen anderen Boden, jedes Finale hält eine andere Gegnerin bereit, und in jedem Sieg liegt ein neuer Rekord. Die Australian Open gewinnt sie gegen Chris Evert als erste Deutsche seit 66 Jahren, bei den Offenen Französischen Meisterschaften besiegt sie die Russin Natallja Swerawa im kürzesten Grand-Slam Finale, das jemals gespielt wurde, in 32 Minuten mit 6:0, 6:0. Wimbledon gewinnt sie das erste Mal in ihrer Karriere, im Duell gegen die achtmalige Wimbledon-Siegerin Martina Navratilowa, die nach ihrer Niederlage bekennt: „Ein Kapitel ist vorbei."

Was machte diese junge Frau so unglaublich stark? Neben ihrer mentalen Stärke, der absoluten Konzentration auf ihr Spiel haben Fachleute vor allem ihre Beinarbeit und ihre berühmte Vorhand, die ihre Gegnerinnen in die Knie zwangen, hervorgehoben. Nach ihrem Sieg in Wimbledon sagte sie: „Ich kämpfte, ich rannte, meine Beine wirbelten mich überallhin." Tatsächlich ist Steffi schneller als ihre Konkurrentinnen und durch die Folge von vielen kleinen Schritten immer im Gleichgewicht und in optimaler Position zum Ball, wenn sie zum Schlag ansetzt. Diese Wendigkeit erlaubt ihr auch, die Rückhand zu umlaufen, wenngleich sie diesen Schlag beherrscht, wenn sie ihn braucht. Lieber ist ihr die Vorhand, bei der sie die ganze Kraft ihres Körpers in den Schlag legt, und die sie härter und schneller spielt als ihre Gegnerinnen, die deshalb gezwungen waren, mit Männern zu trainieren. Sie selbst trainierte zur Vorbereitung auf Wimbledon mit dem Linkshänder Markus Schur, um sich auf ihre voraussichtliche Gegnerin Martina Navratilowa einzustellen. Während diese sich vor allem durch ein Serve and Volley-Spiel am Netz auszeichnet, bevorzugt Steffi Graf das Spiel über den ganzen Platz: „Ich liebe das Grundlinienspiel. Für mich gibt es einfach nichts Besseres. Ich liebe Ballwechsel und herausgespielte Punkte. Ich habe nie wirklich versucht, Serve and Volley zu spielen. Hin und wieder und vor allem in Wimbledon mache ich es, und gar nicht so schlecht, aber es ist nicht meine Spielweise. Ich bleibe lieber an der Grundlinie."

Die Erfolgsserie des Jahres 1988 setzt sich in den kommenden Turnieren fort, 1989 wird sie bei 88 Spielen nur zweimal geschlagen. Sie bleibt unangefochten die Nummer eins, auch bei den Einnahmen, die mittlerweile bei gut einer Million Dollar pro Jahr liegen. Sie erhält regelmäßig hohe Auszeichnungen, wird 1988 Weltsportlerin des Jahres und Ehrenbürgerin ihrer Heimatgemeinde Brühl. Millionen von Fernsehzuschauern verfolgen ihre Spiele, oft zu nachtschlafender Zeit, und es gibt wohl kaum jemanden in Deutschland, der ihren Namen nicht kennt.

Sie ist eine Person des öffentlichen Interesses geworden – zu einem Star, der sie nie sein wollte. Journalisten beklagen ihre oft einsilbigen Antworten bei Pressekonferenzen, und sie erklärt: „Ich habe dieses Leben nie gewollt. Alles, was ich wollte, war Tennis zu spielen. Ich wollte nie eine Berühmtheit sein und bin daher auch mitunter ungehalten zu anderen Menschen. Ich bin kein leicht zu nehmender Mensch, und ich hasse es, wenn mich Presse und Fotografen verfolgen."

Doch genau das war der Fall, und spätestens 1990 erhielten sensationshungrige Journalisten Futter für eine Geschichte, die aus mehr bestand als aus immer wieder neuen Siegen. Eine Affäre von Vater Peter Graf mit einem Nacktmodell wird weidlich ausgeschlachtet, und es sollte noch schlimmer kommen. Fünf Jahre später ermittelt die Steuerfahndung bei Familie Graf wegen Steuerhinterziehung, Peter Graf kommt in Untersuchungshaft und wird 1997 zu einer Freiheitsstrafe von drei Jahren und neun Monaten verurteilt. Steffi spielt indessen weiter, sie siegt immer noch, wenn auch nicht mehr so häufig. Das liegt auch daran, dass sie mit der Jugoslawin Monica Seles auf eine neue Gegnerin trifft, die ihr nicht nur den ersten Platz in der Weltrangliste streitig macht, sondern erneut für Schlagzeilen sorgt, als sie 1993 von einem Steffi-Fan mit einem Messer attackiert wird und daraufhin für zwei Jahre pausieren muss.

Steffi Graf wird wieder die Nummer eins und bleibt auch in den kommenden Jahren mit wenigen Unterbrechungen an der Spitze. Sie gewinnt weitere Grand-Slam Turniere, aber sie muss auch immer häufiger mit Verletzungen kämpfen. Nach 15 Jahren als Profi zeigt ihr Körper Verschleißerscheinungen, die sie schließlich zu einer Knieoperation mit mehrmonatiger Pause zwingen. Als sie zurückkehrt, ist auf einmal sie es, die zu den „Alten" gehört, während junge Spielerinnen wie Martina Hingis und die Williams-Schwestern die WTA-Tour dominieren. Auch wenn sie damals bereits aufgehört hätte, wäre Steffi Graf als eine der bedeutendsten Tennisspielerinnen in die Geschichte eingegangen. Ihr Comeback, bei dem sie sich mühevoll durch die verschiedenen Turniere kämpfte und schließlich noch einmal bei den French Open siegte – in einem denkwürdigen Sieg gegen die Schweizerin Martina Hingis, den sie später als einen ihrer schönsten bezeichnete –, brachte sie vielen auch menschlich näher.

Steffi Grafs Bilanz nach 17 Jahren im Profitennis ist einzigartig und wird möglicherweise von keiner anderen Spielerin je erreicht werden: Sie gewann 22 Grand-Slam-Turniere, hat in mehr als 100 Turnieren und fast 900 Spielen gesiegt, sie war 377 Wochen, davon 186 Wochen ohne Unterbrechung, die Nummer eins der Weltrangliste. Noch drei Jahrzehnte nach ihrem ersten Turniersieg setzt sie damit Maßstäbe, an denen sich nachfolgende Spielerinnen messen lassen müssen. Als Angelique Kerber im Januar 2016 mit ihrem Sieg bei den Australian Open den ersten Grand-Slam-Titel für das deutsche Damentennis seit 1999 gewann, titelte „Die Welt" „Erst Steffi Graf machte aus Angelique Kerber eine Siegerin", und im Magazin der „Süddeutschen Zeitung" erschien einige Wochen später ein mehrseitiger Artikel, der nicht etwa der aktuellen Gewinnerin, sondern ihrer berühmten Vorgängerin gewidmet war.

Steffi Graf erklärte nach ihrem phänomenalen Comeback bei den French Open und dem Erreichen des Finales von Wimbledon 1999 ihren Rücktritt. Genauso konsequent wie sie die letzten 25 Jahre nahezu ausschließlich für ihren Sport gelebt hatte, zog sie sich jetzt in ein Privatleben ohne Tennis zurück. Auf die Frage, ob sie keine Sehnsucht nach dem Wettkampf-Tennis habe, hat sie gesagt: „Ich habe es nicht vermisst, und vermisse es auch heute nicht." Damit ist ihr etwas gelungen, was nur wenige Stars, auf welcher Bühne auch immer sie ihre Triumphe gefeiert haben, geschafft haben. Sie konnte mit etwas abschließen, was sie fast 30 Jahre lang geprägt hat, was ihr ein Vermögen und Ruhm gebracht hat. Sie hat nicht mehr die Öffentlichkeit gesucht und gerade deshalb ihren Nimbus einer Jahrhundertsportlerin bewahrt.

Stefanie Maria Graf wurde 1969 in Mannheim geboren, 1978 zog die Familie in das nahe gelegene Brühl. Mit drei Jahren fängt sie an, Tennis zu spielen und wird zunächst von ihrem Vater trainiert, der später ihr Manager wird und sie bei allen wichtigen Turnieren begleitet. Mit 13 Jahren beginnt sie als Profispielerin bei der WTA, die sie seit 1987 dominierte. Sie ist eine der erfolgreichsten Tennisspielerinnen aller Zeiten und erhielt zahlreiche Auszeichnungen, mehrfach war sie Sportlerin des Jahres. 1999 erklärte sie ihren Rücktritt vom Profisport.

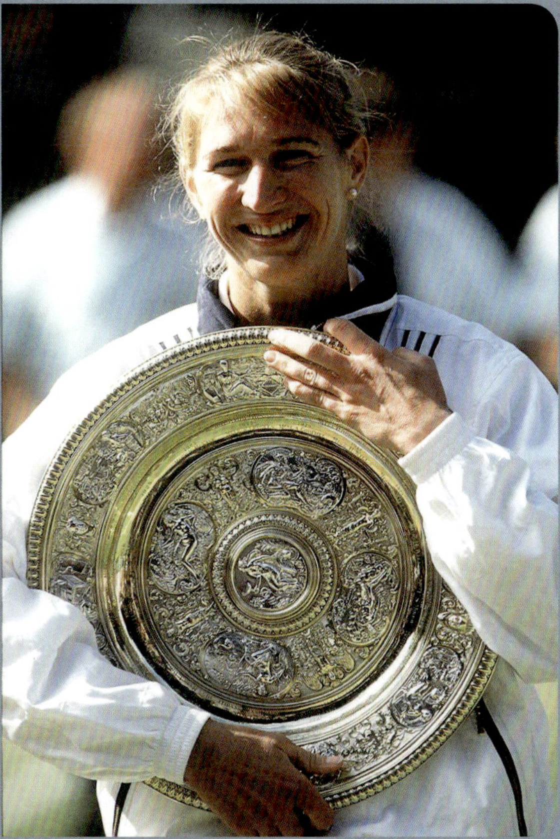

2001 heiratet Graf den US-amerikanischen Tennisspieler André Agassi. Mit ihm und den beiden gemeinsamen Kindern lebt sie in Las Vegas.

1998 gründete sie die Stiftung „Children for tomorrow“, die sich um Kinder und Familien kümmert, die Opfer von Krieg, Verfolgung und organisierter Gewalt geworden sind. Sie ist außerdem Mitbegründerin der Fitnesskette Mrs. Sporty.

Neben zahlreichen Zeitungsartikeln sind verschiedene Bücher über Steffi Graf erschienen, u. a.:

Steffi Graf und Hans-Dieter Schütt: Steffi Graf. Superstar, Berlin 1993

Sue Heady: Steffi. Allem zum Trotz, Königswinter 1996

Rolf Hauschild, Hansjörg Falz, Paul Zimmer: Danke, Steffi. Die unvergesslichen Jahre der Königin des Centre Court, Berlin 1999

Torschützenkönigin

Birgit Prinz

Seit 2011 gibt es sie auch als Barbie-Puppe: 29 cm groß, mit dunklem Dutt, Wespentaille und dünnen Schenkeln – ihrem Vorbild im Aussehen so unähnlich wie das Frauenbild, das Original und Replik verkörpern. Für Birgit Prinz ist es die erste Barbie überhaupt. Die Rekordfußballerin, die die Vorlage für das Plastikpüppchen abgab, hatte es als Kind nicht so mit Puppen, lieber hat sie mit den anderen gekickt, erst auf der Straße und seit ihrem achten Lebensjahr auch im Verein, dem SV Dörnigheim, wo ihr Vater die Jungenmannschaft trainierte.

1986 war das, und Fußball in Deutschland gerade erst dabei, sich als ernst zu nehmender Sport für Frauen zu etablieren. Der Weg dahin war lang und steinig. Bis 1970 hatte der DFB es seinen Vereinen komplett untersagt, Frauen zuzulassen; ein Verbot, das die Fußballfunktionäre just zu einem Zeitpunkt beschlossen hatten, als Deutschland nach dem „Wunder von Bern" eine nie da gewesene Fußballeuphorie erlebte. Die fußballbegeisterten Mädchen und Frauen ließen sich von derart antiquierten Vorstellungen indes nicht abhalten, sich zu Mannschaften zusammenzuschließen und bald auch Länderspiele zu bestreiten. Viele von ihnen begannen in Jungenmannschaften, manche mit einem Spielerpass, der statt des eigenen einen männlichen Vornamen enthielt, was noch die harmloseste Form eines mitunter recht abenteuerlichen Spielbetriebs der 50er und 60er Jahre war, der zuweilen auch wenig seriöse Geschäftemacher auf den Plan rief.

Aufhalten konnte der DFB den Frauenfußball mit seinem Verbot jedenfalls nicht, also versucht er schließlich, ihn zumindest innerhalb seiner Organisationsstrukturen zu kontrollieren. Es ist eine Entscheidung, die den Frauenfußball in Deutschland in wenigen Jahren auf ein neues Niveau hebt. Bereits bestehende und neu gegründete Mannschaften messen sich von nun an in Regional- und Landesligen, seit 1990 auch in der Bundesliga.

Für junge Spielerinnen wie Birgit Prinz ist das eine hervorragende Plattform, ihr außergewöhnliches Können zu zeigen. Ihren ersten Verein hat sie mittlerweile verlassen und kickt nach vier Jahren beim 1.FC Hochstadt seit 1992 für den FSV Frankfurt. Während die Herren des Traditionsvereins sich in dieser Zeit mit der Amateuroberliga begnügen müssen, war die Frauenabteilung Gründungsmitglied der Bundesliga und gehört neben der SSG Bergisch Gladbach, dem TSV Siegen und dem FC Bayern zu ihren dominierenden Mannschaften. Birgit Prinz findet mit Sandra Smisek beim FSV eine kongeniale Mitspielerin im Sturm und darf ihren Verein mit 15 Jahren bereits mit Sondererlaubnis in der Bundesliga vertreten. Als „Keks und Krümel" werden die beiden nicht nur in der Größe so unterschiedlichen jungen Frauen bezeichnet. Sie verstehen es meisterhaft, ihre jeweiligen Stärken zu kombinieren: Die quirlige zierliche Sandra leistet die Vorarbeit, Birgit, 1,79 cm groß und robust, nimmt an, schießt und trifft.

Das tut sie auch bei ihrem ersten Länderspiel. In der Partie Deutschland – Kanada wird sie, gerade mal 16 Jahre alt, in der 72. Minute für die damalige Torschützenkönigin Heidi Mohr eingewechselt und sichert ihrer Mannschaft eine Viertelstunde später den Sieg. Ein Jahr später wird sie mit der Nationalmannschaft Europameisterin und bei der Weltmeisterschaft in Schweden Zweite. Obwohl sie oft erst in der zweiten Halbzeit eingewechselt wird, kann sie jetzt schon etliche Länderspieltore verbuchen. Sie ist schneller als ihre Gegnerinnen, versteht es, durch ihre physische Präsenz Räume auf dem Spielfeld zu erobern, sie ist durchsetzungsstark im Zweikampf und ballsicher.

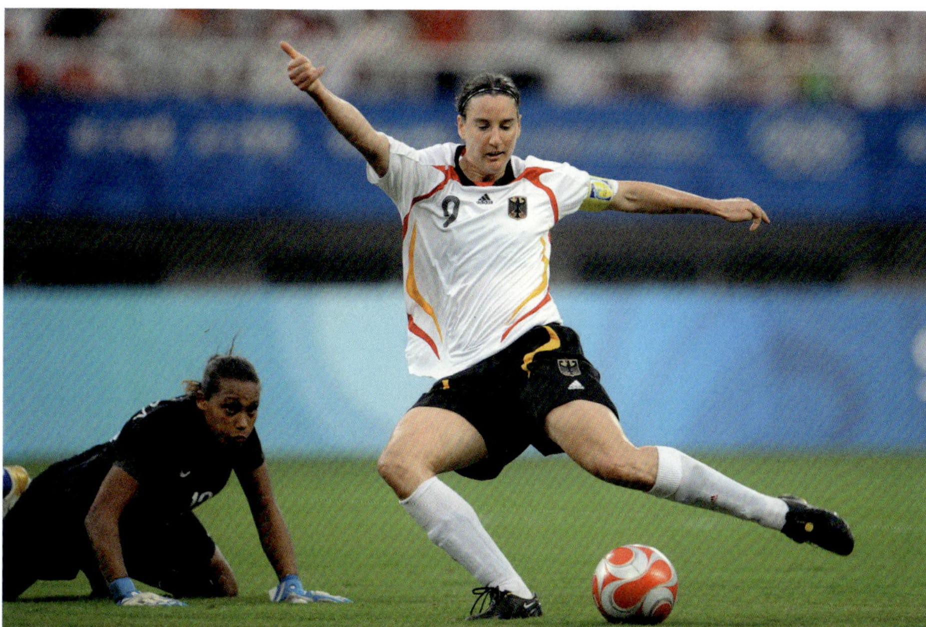

Vorbereitung für das 1:0 gegen Brasilien bei den Olympischen Spielen 2008 in Peking: eins von 128 Länderspieltoren von Rekordfußballerin Birgit Prinz.

Die torgefährliche Stürmerin wird dadurch auch in der Bundesliga zur gefragten Offensivspielerin und wechselt 1998 zum FFC Frankfurt, der sich im gleichen Jahr – hervorgegangen aus der SG Praunheim – als eigenständiger Frauenfußballverein gegründet hatte und bereits in seiner ersten Saison mit Meisterschaft, Pokal- und Hallenpokalsieg das Triple erreicht. Dass der FFC bis heute der erfolgreichste Frauenfußballverein Europas ist, hat er zu einem guten Teil Birgit Prinz zu verdanken, die ihn zu sieben Deutschen Meisterschaften, acht Pokal- und drei Europapokalsiegen führte. Bis 2011 bleibt sie ihm, mit einer kurzen Unterbrechung in der amerikanischen Profiliga, treu.

Wenn es nur ums Fußballspielen ginge, wäre für Birgit Prinz die Welt in Ordnung. Durch ihre oft spielentscheidenden Treffer aber wird sie immer mehr zum Star, und das ist eine Rolle, die sie entschieden ablehnt, auf dem Platz und erst recht bei Pressekonferenzen. Sich treu zu bleiben, ihr Privatleben abzuschotten und sich nicht vermarkten zu lassen, ist angesichts des Medienrummels nicht einfach, mitunter schmerzhaft.

Dieser steigert sich 2003 zu bislang unbekannten Ausmaßen: Die deutsche Frauennationalmannschaft wird in den USA erstmals Weltmeister; das hatten die Männer zuletzt 1990 geschafft. Mit einem Mal begeistert Frauenfußball hierzulande auch diejenigen, die sich bis dahin kaum für diese Randsportart interessiert haben. Fast 13 Millionen Fernsehzuschauer zittern beim hochspannenden Finale gegen Schweden, das erst in der Verlängerung entschieden wird, mit den deutschen Fußballerinnen. Es gibt Glückwünsche von hochrangigen Politikern, und die Frankfurter Oberbürgermeisterin Petra Roth ruft beim traditionellen Empfang auf dem Römer: „Männer, schaut auf diese Frauen!“

Sie haben sich den Sieg wahrlich verdient, und Birgit Prinz hat – wieder einmal – entscheidenden Anteil daran. In Amerika hatte sie bereits im Jahr zuvor mit ihrem dortigen Verein Carolina Courage in der Damenliga die Meisterschaft gewonnen und war zum Most Valuable Player gewählt worden. Bei der WM schießt sie die Deutschen im Halbfinale gegen die Titelverteidigerinnen und Gastgeber mit dem 3:0 in der Nachspielzeit ins Finale. Insgesamt erzielt sie sieben Treffer und wird damit Torschützenkönigin der Weltmeisterschaft. Sie erhält den Goldenen Ball als beste Spielerin des Turniers und wird im gleichen Jahr erstmals zur Weltfußballerin gewählt, einen Titel, den sie bis 2005 dreimal in Folge erhält. Sie selbst steht dieser Auszeichnung ähnlich wie der zur deutschen Fußballerin des Jahres, mit der sie achtmal hintereinander geehrt wird, eher skeptisch gegenüber. Für sie ist es immer das Team, das gewinnt und nicht die einzelne Spielerin. Die Ernennung zur Spielführerin der deutschen Mannschaft im November 2003 dürfte ihr da schon mehr bedeutet haben. Während es, wie sie in einem Interview mit der „Frankfurter Allgemeinen Zeitung" sagte, zu Beginn ihrer Karriere nur „geradeaus und rein" ging, nimmt sie jetzt durch genaues Beobachten mit ihren Aktionen auf dem Feld Einfluss auf die Mannschaft und Verantwortung für das Spiel.

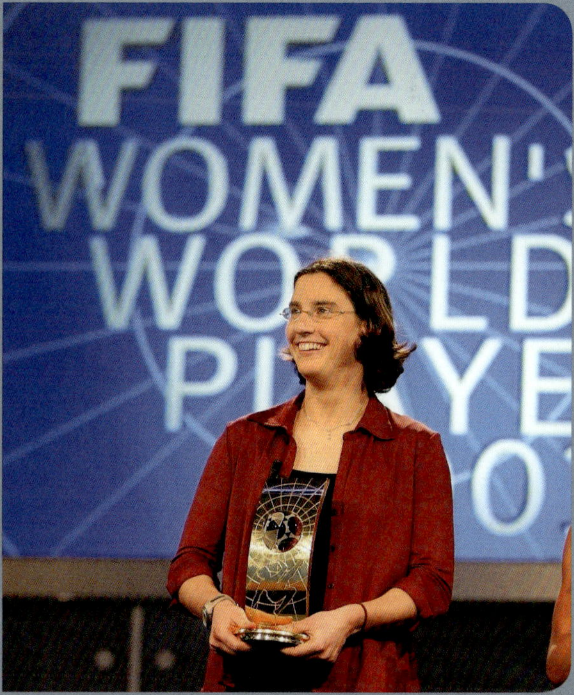

Birgit Prinz wurde 1977 in Frankfurt am Main geboren. Mit acht Jahren beginnt sie, Fußball im Verein zu spielen, zunächst beim SV Dörnigheim und von 1998 bis 2011 beim 1.FFC Frankfurt. Sie wurde neunmal Deutsche Meisterin, zehnmal Pokalsiegerin und gewann dreimal die Champions League.

Ähnlich erfolgreich verlief ihre Karriere mit der deutschen Nationalmannschaft. Seit ihrem ersten Einsatz 1994 hat sie mit dem deutschen Team 214 Länderspiele absolviert und ist mit 128 Länderspieltoren geschlechtsübergreifend die erfolgreichste Torschützin des DFB. Sie wurde zweimal Weltmeisterin, fünfmal Europameisterin und errang mit dem deutschen Team bei drei Olympischen Spielen jeweils die Bronzemedaille. Mit der Weltmeisterschaft 2011 beendete sie ihre Fußball-Karriere und arbeitet seitdem als Sportpsychologin.

Birgit Prinz hat zahlreiche Auszeichnungen erhalten: Sie war drei Jahre in Folge Weltfußballerin und achtmal deutsche Fußballerin des Jahres. 2013 wurde sie vom DFB zur Ehrenspielführerin der deutschen Frauennationalmannschaft ernannt.

Es ist daher nur konsequent, dass sie ein Angebot des AC Perugia, der sie für seine Männermannschaft verpflichten will, trotz eines mutmaßlich gigantischen Honorars ablehnt. Sie will spielen und nicht auf der Bank sitzen, schon gar nicht für einen Werbegag. Birgit Prinz lässt sich nicht vereinnahmen, auch 2006 nicht, als Real Madrid sie als Trainerin für den Aufbau eines Frauenteams gewinnen will.

Stattdessen stellt sie in diesem Jahr mit der deutschen Nationalmannschaft eine beeindruckende Reihe von Rekorden auf: Sie absolviert als erste Fußballerin ihr 155. Länderspiel, schießt, ebenfalls als erste, ihr 100. Länderspieltor und wird zur Rekordnationalspielerin.

Die deutschen Frauen sind mittlerweile auf den Titel der Europameisterinnen abonniert und werden 2007 zum zweiten Mal Weltmeisterinnen. Durch ihre Erfolge ist Frauenfußball in Deutschland von einem Ableger der Männer zu einer eigenständigen Sportart geworden. Und Birgit Prinz ist ihr Aushängeschild. Eine Botschaft verbindet sie damit nicht. „Ich habe nie gedacht, dass ich die Welt retten muss für den Frauenfußball und dass ich alle zu gläubigen Anhängern des Frauenfußballs machen muss“, sagte sie nach ihrem Karriereende, und, dass sie sich nicht alleine im Fokus gesehen habe. Trotz aller entscheidenden Treffer versteht sie sich in erster Linie als Teamplayerin und kann in diesem Sinne auch ihren Rückzug von der internationalen Bühne akzeptieren.

Er kommt mit der Weltmeisterschaft 2011, die nach der Heim-WM der Männer 2006 ein zweites Sommermärchen für die deutschen Gastgeber hätte werden können und für Birgit Prinz der krönende Abschluss einer einzigartigen Karriere. Zuvor hatte man der Rekordtorschützin bereits mit einer fast acht Meter hohen Figur auf der Frankfurter Zeil ein Denkmal gesetzt. Die Erwartungen sind hoch. Aber schon in den ersten beiden Gruppenspielen gegen Kanada und Nigeria läuft es nicht rund – weder für das deutsche Team noch für seine Spielführerin. Bei beiden Partien wird sie von Bundestrainerin Silvia Neid kurz nach der Halbzeitpause ausgewechselt. Der Druck auf die einstige Vorzeigefrau der deutschen Fußballerinnen, bei der auf einmal die Minuten ohne Tore gezählt werden, wächst, und die öffentlich ausgetragenen Diskussionen um ihren Einsatz machen die Sache nicht besser. Schließlich geht Birgit Prinz in die Offensive, ausnahmsweise nicht auf dem Platz, sondern in einer Pressekonferenz, in der sie ihren Verbleib auf der Reservebank im dritten Gruppenspiel gegen Frankreich erklärt: „Ich hatte das Gefühl, der Mannschaft in diesem dritten Spiel nicht helfen zu können. Deshalb waren Silv' und ich uns einig, dass besser eine andere spielt, die mit der Situation besser klarkommt." Dass die Bundestrainerin sie auch im Viertelfinale gegen Japan, das für die deutschen Titelverteidigerinnen das Aus bei der Heim-WM bedeutet, nicht einsetzt, wird von vielen bedauert, die Birgit Prinz einen würdevolleren Abschied gewünscht hätten.

Sie selbst hat zu diesem Zeitpunkt bereits die Weichen für ihre berufliche Zukunft gestellt und nach einer Ausbildung zur Physiotherapeutin noch Psychologie studiert. Ihre Erfahrungen zu den Höhen und Tiefen des Spitzensports kann sie in ihrem neuen Beruf als Sportpsychologin gut einbringen. Nach dem Ende ihrer Fußballkarriere arbeitete sie an einem FIFA-Forschungsprojekt zur psychomentalen Gesundheit von Spitzensportlern, in dessen Zielsetzung es unter anderem heißt: „Wir müssen den Mythos überwinden, dass Profifußballer unverwundbar seien."

Gipfelstürmerinnen

Am Ausklang des 19. und zu Beginn des 20. Jahrhunderts waren Expeditionen in bislang wenig erschlossene Regionen groß in Mode, oft verbunden mit dem sportlichen Wettstreit, als Erster oder Erste ein Ziel erreicht zu haben. Die Frauen, die sich diesem Wettstreit stellten, haben weder das Risiko noch den Bruch mit gesellschaftlichen Konventionen gescheut. Sie sind mit wackeligen Kisten in die Lüfte gestiegen oder haben Berge erklommen und sich dabei die Welt erobert.

Ein Kapitel über Abenteurerinnen und eine Olympiasiegerin, die die Gipfel nicht hinauf, sondern hinab gestürmt ist.

Erste auf dem Matterhorn

Lucy Walker

Es war ein Wettlauf um einen Tag. Die Kontrahentinnen: Meta Breevort, 46-jährige US-Amerikanerin, und Lucy Walker, zehn Jahre jünger und aus dem englischen Liverpool stammend – beide erfahren im Bergsteigen, ehrgeizig und in ihrer Zeit außergewöhnliche Frauen, die Geschichte schrieben. Der Ort: der Gipfel des Matterhorns, das Ziel: ihn als erste Frau zu erklimmen.

Im Sommer des Jahres 1871, als die beiden Frauen ihren Wettlauf starteten, war das Bergsteigen in den Alpen zu einem beliebten Sport, vor allem der Briten, geworden. Viele von ihnen ließen sich in der Schweiz nieder, und die Hotels bedienten die Bedürfnisse der englischen Gäste mit speziellen Angeboten. Abenteuerlust, Entdeckerfreude, oft auch das Interesse an der naturwissenschaftlichen Erschließung eines bis dahin unbekannten Terrains kamen der Neigung der Menschen des 19. Jahrhunderts entgegen, sich die Welt zu erschließen. Die Alpen waren dabei nach Expeditionen in die Arktis oder nach Afrika ein weiteres lohnenswertes Ziel, um Ruhm und Anerkennung zu erlangen.

Die Bergwelt Europas war zu dieser Zeit kaum kartiert, und die Mythen um sie und ihre sagenhaften Bewohner waren auch bei den Forschern des viktorianischen Zeitalters noch lebendig. Das Matterhorn spielte dabei eine gleichermaßen faszinierende wie tragische Rolle. 16 Jahre zuvor hatte der Brite Edward Whymper nach vielen vergeblichen Versuchen den Gipfel als erster Mensch erklommen – zu einem hohen Preis: Vier Teilnehmer seiner Expedition kamen beim Abstieg ums Leben, ein dramatisches und bis in unsere Tage nachwirkendes Beispiel dafür, wie eng Triumph und Tragödie in den Bergen zusammenliegen.

Trotzdem, vielleicht auch deswegen, blieb die Anziehungskraft des Matterhorns ungebrochen: ein erhabener Fels mit steilen Flanken, gefährlich durch bröckeliges Gestein, abweisend und scheinbar unzugänglich. Es war einer der letzten Gipfel der Alpen, die bestiegen wurden.

Den Männern folgten bergbegeisterte und nicht weniger ambitionierte Frauen, manche zusammen mit ihren Ehegatten, manche auch allein, nur in Begleitung eines Bergführers. Nun galt es, als erste Frau auf einem Gipfel zu stehen.

Lucy Walker stammte aus einer Bergsteiger-Familie. Ihr Vater Francis gehörte zu den ersten Mitgliedern des Londoner Alpine Clubs. Dieser war 1857 gegründet worden, eine typische Institution im viktorianischen England, wo man sich zweimal jährlich zum Dinner traf und über das Bergsteigen austauschte. Den Alpine Club gibt es heute noch, und wer Mitglied werden möchte, muss verschiedene Gipfelbesteigungen nachweisen können. Erst seit 1974 sind auch Frauen zugelassen, weshalb die britischen Bergsteigerinnen 1907 ihren eigenen Ladys Alpine Club gründeten.

Auch Lucys Bruder Horace hatte bereits Erfahrung im Alpinsport; in den 1860er Jahren hatte er Touren mit Edward Whymper zum Triftgletscher und in der Dauphiné unternommen und wurde später Präsident des Londoner Alpine Clubs.

Zu Lucys erster Begegnung mit den Alpen kam es im Sommer 1858, nachdem der Arzt ihr eine Kur mit Spaziergängen in frischer Luft empfohlen hatte. Mit Vater und Bruder reiste sie in die Schweizer Alpen. Für die junge Engländerin, deren sportliche Betätigung bis dahin im Croquetspiel bestanden hatte, und die sich ansonsten mit Näharbeiten und gesellschaftlichen Verpflichtungen die Zeit vertrieb, war dies der Beginn einer Leidenschaft, die sie mehr als 20 Jahre lang mit Ausdauer und Ehrgeiz betrieb. In dieser Zeit unternahm sie fast hundert Expeditionen, ausgerüstet lediglich mit dem damals üblichen langen Bergsteigerstock sowie Champagner und Biskuittorte gegen die Höhenkrankheit, mit der sie zeitlebens zu kämpfen hatte. Einige Male war sie die erste Frau auf einem Gipfel.

Obwohl es nach der Mitte des 19. Jahrhunderts immer mehr Frauen in die Berge zog, bildeten sie eine Außenseitergruppe und hatten mit diversen Schwierigkeiten zu kämpfen. Diese begannen schon bei der passenden Kleidung. Hosen galten als unschicklich, das lange Kleid, das Frauen damals trugen, war für eine Bergbesteigung äußerst unpraktisch. Eine Empfehlung für die passende Kleidung ist von Eliza Robinson Cole überliefert, die in einem Buch – unter dem Namen ihres Mannes – ihre Touren beschrieb. Sie riet dazu, das Kleid am Saum mit Ringen zu versehen, durch die eine Kordel zu ziehen sei, um es auf diese Weise bei Bedarf zu kürzen. Einige Bergsteigerinnen trugen Hosen unter ihrem Rock und zogen diesen aus, sobald sie außer Sichtweite von Ortschaften oder Berggasthöfen waren. Neben diesen praktischen Problemen galt das Bergsteigen grundsätzlich als unpassend für eine Frau. „Haltet sie vom Bergsteigen zurück! Sie ist ein Skandal für ganz London und sieht aus wie ein Indianer“ waren die Worte, die zum Beispiel Aubrey Le Blond, eine weitere britische Bergsteigerin, zu hören bekam.

Lucy Walker hatte das Glück der Unterstützung durch ihre Familie und durch den damals schon berühmten Bergführer Melchior Anderegg. Sie hatte ihn in einem Berggasthof am Gemmipass kennengelernt, wo er als Holzschnitzer arbeitete, und unternahm etliche Touren mit ihm. Auf die Frage, warum sie nie geheiratet habe, entgegnete Walker später einmal:

„Ich liebe die Berge und Melchior – und Melchior hat schon eine Frau." Anderegg war es auch, der ihr im Juli 1871 den Hinweis gab, dass die eingangs erwähnte Meta Breevort beabsichtige, das Matterhorn zu besteigen. Ohne zu zögern eilte Lucy Walker nach Zermatt und nahm gemeinsam mit Melchior Anderegg den berühmten Berg in Angriff. Am 22. Juli erreichte ein Telegramm die Zeitungsredaktionen: Lucy Walker war es als erster Frau gelungen, den Gipfel zu erreichen. Meta Breevort, die zwei Jahre vorher erfolglos versucht hatte, das Matterhorn von der italienischen Seite zu besteigen, kam nur einen Tag später in Zermatt an, aber dieses Rennen hatte sie verloren. Trotzdem heißt es, dass sie ihrer Kontrahentin zu ihrem Erfolg gratulierte, als die beiden Frauen sich am selben Abend zum ersten Mal trafen. Und bereits kurze Zeit später gelang Breevort die Überquerung des Matterhorns von Zermatt ins italienische Breuil.

Lucy Walker gab das Bergsteigen, wiederum auf ärztlichen Rat hin, acht Jahre nach ihrem Triumph am Matterhorn auf. Den Alpen blieb sie durch Reisen weiterhin verbunden und wurde 1913 für zwei Jahre die zweite Vorsitzende des Londoner Ladies Alpine Clubs.

Lucy Walker wurde 1836 im englischen Liverpool geboren. Mit 22 Jahren begann sie auf Rat ihres Arztes mit dem Bergsteigen und unternahm in den folgenden Jahren gemeinsam mit ihrem Vater und ihrem Bruder Bergtouren in den Schweizer Alpen. Dabei gelangen ihr, begleitet von dem Bergführer Melchior Anderegg, verschiedene Erstbesteigungen. Bekannt wurde sie vor allem dadurch, dass sie 1871 – im Wettstreit mit Meta Breevort, einer weiteren berühmten Bergsteigerin der damaligen Zeit – als erste Frau den Gipfel des Matterhorns erklomm.

Von 1913 bis 1915 war Lucy Walker zweite Vorsitzende des Londoner Ladies Alpine Clubs. Sie starb 1916 in Liverpool.

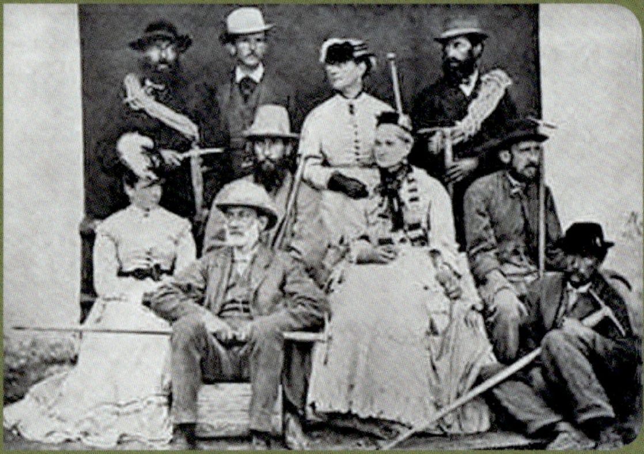

The Flying Fräulein

Thea Rasche

Wenn es nach dem Willen ihres Vaters, einem Direktor der Essener Aktienbrauerei, gegangen wäre, wäre ihr Leben so verlaufen, wie es sich für eine junge Frau aus gutem Hause zu Beginn des 20. Jahrhunderts gehörte: Besuch der Töchterschule, Pensionatsjahr und anschließend Heirat mit einem standesgemäßen Bräutigam. Aber Thea Rasche entsprach, schon bevor sie sich einem Sport zuwandte, der damals sowohl für Frauen wie für Männer höchst ungewöhnlich war, in keiner Weise dem üblichen Frauenbild. Um unabhängig zu sein, macht sie eine Ausbildung zur Landwirtin, lernt danach Maschinenschreiben und Stenographie und nimmt eine Stelle als Sekretärin an. Eine von ihrem Vater erzwungene Heirat sagt sie eine halbe Stunde vor der Trauung ab.

Ihre große Leidenschaft findet sie wenig später, als sie Bekannte der Familie in Münster besucht, die dort eine Flugschule betreiben. „Ich war wie neugeboren, alles Schwere und Trübe fiel bei diesem Fluge von mir ab", erinnert sie sich später – bald darauf lernt sie selber das Fliegen. Die Voraussetzungen dafür waren alles andere als einfach. Es ist das Jahr 1923, und durch den Vertrag von Versailles ist jede Art von Fliegerei in Deutschland stark eingeschränkt. Flugzeuge dürfen nicht höher als 3.000 Meter und lediglich in einem Radius von vier Flugstunden unterwegs sein. Hinzu kommt die schlechte Wirtschaftslage, so dass Theas erste Flugschule bald schließen muss.

Im Rückblick erscheint das wie ein Vorbote für die Jahre, die vor ihr liegen: Finanzielle Schwierigkeiten, desolate Maschinen, Flugplätze, die oft genug nur aus einem Stoppelfeld mit Zelt bestehen, Widerstände jeglicher Art bestimmen fast ihr ganzes Fliegerleben, aber immer auch die Verbundenheit der Flieger untereinander in ihrer gemeinsamen Begeisterung für die Luftfahrt. Ein erstes Gefühl davon bekommt sie auf dem Hamburger Flugplatz Fuhlsbüttel, wo sie bei dem ehemaligen Jagdflieger Paul Bäumer ihre Ausbildung zur Pilotin fortsetzt. Die Flugschüler müssen bei Reparaturen selbst mit Hand anlegen und, weil es nur eine Schulmaschine gibt, oft wochenlang auf ihren Einsatz warten. Dafür lernen sie bei Bäumer alles, was man nur mit einem Flugzeug anstellen kann, und vollkommenes Vertrauen in die Maschine.

Thea Rasche sollte es bereits wenig später bei ihrem Prüfungsflug von Bremen über Hannover nach Hamburg brauchen. Weil die Benzinpumpe ihrer Maschine defekt und aus Geldmangel nicht repariert worden war, muss sie auf der ersten Etappe das Benzin von Hand pumpen, die zweite fliegt sie bei orkanartigem Sturm – und erhält am Ende als erste Frau nach dem Krieg ihren Flugzeugführerschein.

Gemeinsam mit ihrem Lehrer tritt Thea in den kommenden Jahren als Kunstfliegerin bei Flugtagen auf; vor begeistertem Publikum vollführen sie Loopings, Überschläge und Sturzflüge, ziehen mit ihrem „Fliegenden Zirkus“ durch ganz Deutschland. Mit ihrem Können, das ihr bei Flugwettbewerben – oft genug als einziger Frau unter männlichen Konkurrenten – gute Platzierungen einbringt, kann sie auch ihren Vater überzeugen, der ihr nicht nur ein eigenes Flugzeug, sondern auch eine Reise in die Vereinigten Staaten finanziert.

1927, nur wenige Monate nachdem Charles Lindbergh als erster Mensch allein über den Atlantik geflogen ist, schifft sie sich auf der „Leviathan“ in Gesellschaft der Ozeanflieger Clarence Chamberlin und Richard Byrd nach New York ein – im

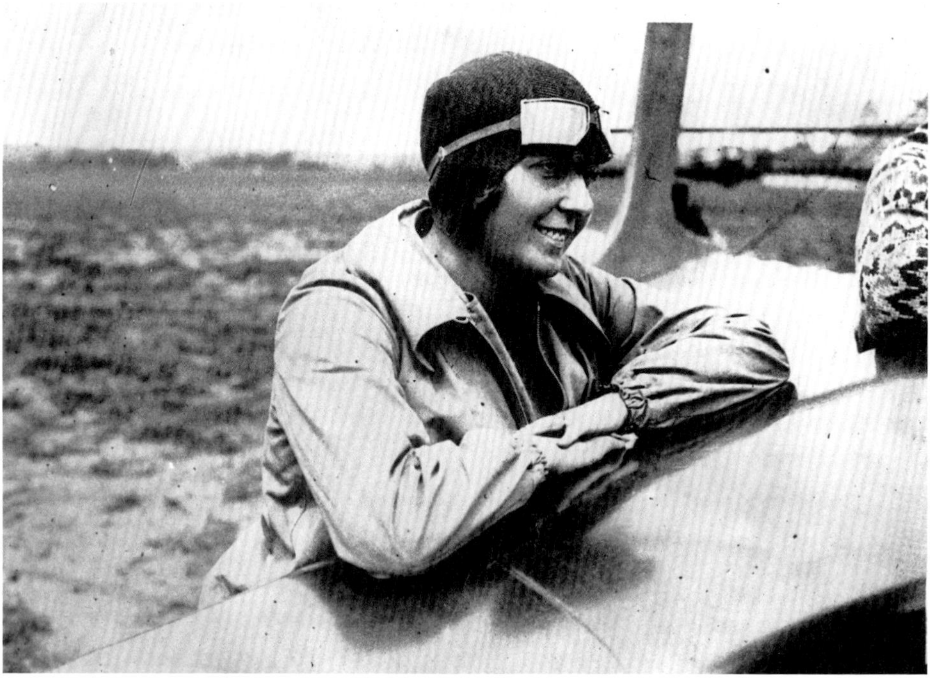

Fliegen bedeutete ihr alles: Thea Rasche war eine der Pionierinnen des Motorflugs in Deutschland und erwarb sich durch ihre Flugkunst auch international hohes Ansehen.

In Los Angeles war der Teufel los. Für ganz Amerika war dieses erste Frauen-Luftderby – „powder puff derby" – wie es zärtlich-spöttisch in Amerika genannt wurde, eine Sensation ersten Ranges. Zwanzig Girls sollten von hier aus, allein in der Kiste, ein Rennen über 5.200 km durch den ganzen amerikanischen Kontinent durchführen, über die himmelanragenden Rocky Mountains hinweg, über unendliche Wüsten, in denen Hunderte von Meilen lang keine Menschenseele anzutreffen ist, über die unwegsamen Steppen New Mexikos und unendlichen Ebenen Texas' und Arizonas. Auf Flugplätzen sollten sie landen, die tags zuvor manchmal noch nicht bestanden hatten und deren Lage nur ungefähr angegeben wurde. Jede Unterstützung während des Rennens durch Monteure war untersagt, außer bei Notlandungen. Nach der Ausschreibung mussten wir einen Notproviant für mindestens fünf Tage mitführen. …

Stunde um Stunde flog ich über trostlose, wildschöne Einsamkeit dahin, mannshohe Kakteen bildeten das einzige Grün, das sich dem Auge hier bot, selbst die großen Flußbetten waren fast alle ausgetrocknet. Endlich Juma. Vergeblich suchte ich nach dem Flugplatz. Man hatte mir gesagt: „Wo die beiden Flüsse sich vereinigen, müssen Sie in Richtung auf die Brücke zu fliegen, dann ist es der erste größere Platz, an dessen Rande ein Haus mit der Aufschrift ‚Juma' steht." So fand ich endlich einen kleinen dreieckigen Platz im tiefsten Sande, rings umgeben von Hochspannungen und Telephonleitungen. Das sollte der Flugplatz sein?

Nach allem, was ich bisher an Flugplätzen in Amerika gewohnt war, wunderte mich jetzt gar nichts mehr. Also setzte ich zur Landung an, Zündung raus, und unten stand ich. Ich war ganz erstaunt, daß keine Menschenseele zu erblicken war, endlich erschienen Menschen, alles schrie und gestikulierte wild durcheinander, und da mußte ich zu meinem Schreck erfahren, daß dies gar kein Flugplatz, sondern nur eine kleine Shell-Niederlage war. Der „richtige" Flugplatz lag fünf Meilen entfernt, bei zwei verlorenen kleinen Häuschen mitten in der Wüste. Mich packte eine fürchterliche Wut. In diesem Derby wurde jede Minute angerechnet. Starten, nicht einmal rollen konnte man in dem hohen Sand! Aber was sollte ich tun? Die Maschine abmontieren und zum richtigen Flugplatz bringen? Dann wäre ich aus dem Derby gewesen.

Mit dem Mute der Verzweiflung tat ich etwas, was ich wohl kaum ein zweites Mal wiederholen würde. Ein schmaler Weg, gerade so breit wie das Fahrgestell meiner Maschine, führte an dem Platz vorbei. Erst ging er ein wenig hinunter, dann eine kleine Anhöhe hinauf, ich mußte unter Drähten hindurch, dann in nur zehn Metern Abstand über andere Drähte hinweg. Dahinter ein Bahndamm und Häuser. Alle Anwesenden halfen mir, die Maschine aus dem dicken Sande überhaupt heraus und auf den Weg zu bekommen. Allein mußte ich den Propeller andrehen – dann startete ich. Mit offenen Mäulern standen die Leute da – hätte die Maschine nur etwas weniger Fahrt gehabt, so wäre es bei dem Sprung unter und über den Drähten einfach aus gewesen. Fünf Minuten später landete ich glücklich auf dem richtigen Flugplatz. Die mir nachgesandten Zeitungen waren voll von diesem Start, an den ich heute noch mit leichtem Entsetzen zurückdenke. „Air Devil" nannte man mich einmal wieder mit dem Spitznamen, den ich nach meinen ersten Kunstflügen in New York bekommen hatte.

Aus: **Thea Rasche: „… und über uns die Fliegerei", Berlin 1940, S. 115 und S. 121–123.**

Gepäck ihr roter „Flamingo“, ein kleiner Doppeldecker in Holzbauweise mit einer Spannweite von zehn Metern. Wie zuvor ihre Landsleute begeistert sie jetzt die Amerikaner mit Loopings und anderen Flug-Kunststücken über der Freiheitsstatue, die ihr nicht nur den Namen „Air-Devil“ (Luft-Teufel), sondern auch zahlreiche Anfragen von flugwilligen Passagieren einbringen. Auf Einladung von Städten in ganz Amerika wirbt sie mit den Worten „Girls lernt fliegen. Fliegen ist das Schönste auf der Welt“ für die Idee der Luftfahrt und den Bau von Flugplätzen.

Meist ist sie nur mit einer Autokarte unterwegs, muss wegen Treibstoffmangels und Motorproblemen oft genug im Ungewissen landen. Bei einem Flug nach New York ist sie zu einer Notlandung auf dem Hudson gezwungen; in Boston zünden die Monteure mit den Worten „Der dunkelste Punkt von Boston ist der Flugplatz“ Benzin an, um ihr die Landebahn zu zeigen.

Für Thea Rasche sind es glückliche Monate. Im Land der unbegrenzten Möglichkeiten erlebt die Flugeuphorie einen ersten Höhepunkt, und das „Flying Fräulein“, wie sie von den Amerikanern genannt wird, wird zu Betriebsbesichtigungen, Vorträgen und Testflügen eingeladen. In ihren Lebenserinnerungen betont sie begeistert die außerordentliche Gastfreundschaft der Amerikaner und die Kameradschaft unter den Fliegern, die gemeinsam die Idee eines Friedensfluges um die Welt entwerfen.

Immer wieder erhält Thea auch das Angebot eines Ozeanflugs, allerdings stets unter der Voraussetzung, dass sie Amerikanerin wird. Die junge Deutsche versteht sich als Mittlerin zwischen den Völkern, die Aufgabe ihrer Staatsbürgerschaft indes erscheint ihr unmöglich, und so kehrt sie kurzzeitig in ihre Heimat zurück, um dort Geld für einen Ozeanflug aufzutreiben. Die Zeit dazu eilt, inzwischen stehen auch andere Frauen in den Startlöchern, um als erste den Flug über den Atlantik zu wagen. Doch die Schwierigkeiten sind diesmal unüberwindlich. Zweimal fällt sie auf dubiose Geschäftsleute herein, die ihr ein Flugzeug versprechen, aber letztlich nur mit ihrem Namen Geld verdienen wollen. Ein dritter Versuch, gesponsert von der amerikanischen Millionärin Fifi Stillman, scheitert zuerst an schlechten Wetterbedingungen, dann an einer gerichtlichen Verfügung, die ihr den Start untersagt. Die junge deutsche Fliegerin wird zum Spielball skrupelloser Geschäftsinteressen, ihr drohen Klagen wegen Nichteinhaltung dubioser Verträge, und ihr Vorhaben rückt in immer weitere Ferne. Enttäuscht kehrt sie nach Deutschland zurück. Wieder einmal plagen sie Geldsorgen, auch ihr Ruf als Fliegerin steht auf dem Spiel, und die unglücklichen Umstände, die zum Scheitern ihres Ozean-

Theodora (Thea) Rasche wurde 1899 in Unna geboren, sie starb 1971 in Essen. 1925 erwirbt sie als erste Frau nach dem Krieg ihren Flugschein und nimmt daraufhin an Flugwettbewerben und Kunstflugtagen in ganz Deutschland teil. Ab 1927 hält sie sich wiederholt in den Vereinigten Staaten auf, wo sie 1929 an dem berühmten Powder Puff Derby, dem ersten Flugrennen für Frauen, teilnimmt. Anders als Elly Beinhorn und Amelia Earhart konnte sie einen geplanten Ozeanflug sowie Flüge nach Südamerika und Asien aufgrund von finanziellen und politischen Schwierigkeiten nicht verwirklichen. Ihrer Freundschaft zu diesen und anderen berühmten Fliegerinnen ihrer Zeit tat dies jedoch keinen Abbruch.

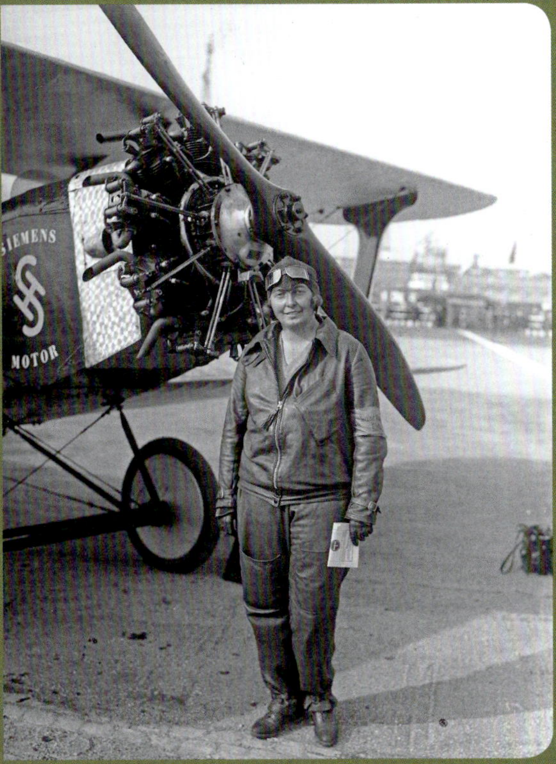

Zeit ihres Lebens kämpfte Thea Rasche mit finanziellen und gesundheitlichen Problemen. Kurz vor ihrer Pilotenprüfung erkrankte sie an Diphtherie, die zu einem Herzfehler führte; während des Powder Puff Derbys litt sie an der Ruhr. Da sie selbst nicht genug verdiente, war sie immer wieder auf finanzielle Unterstützung ihres Vaters angewiesen, der ihr das Fliegen schließlich verbot. Als Journalistin für die „Deutsche Flugillustrierte" und als Passagierin eines „Internationalen Flugzeugrennens für den Frieden" blieb sie der Luftfahrt jedoch weiterhin verbunden und machte nach dem Tod des Vaters noch ihren Segelflugschein.

Wie fast alle deutschen Fliegerinnen ihrer Zeit wurde Thea Rasche in den 1930er Jahren auch von der Ideologie der Nationalsozialisten geprägt und trat in die NSDAP ein. 1947 wurde sie per Spruchkammerverfahren entnazifiziert, da sie nur nominelles Mitglied der NSDAP gewesen sei und sich nicht mit deren Zielen identifiziert habe. 1940 erschien ihre Autobiografie unter dem Titel „… und über uns die Fliegerei".

fluges geführt haben, begleiten sie bis in die Heimat. Um sich in der Fliegerwelt zu rehabilitieren, muss sie zu einem Prozess, den ihre früheren Manager gegen sie angestrengt haben, im Frühjahr 1929 erneut in die USA reisen – und, um die Überfahrt zu finanzieren, ihr geliebtes Flugzeug verkaufen.

In den Vereinigten Staaten hat die Fliegerei inzwischen auch unter den Frauen einen enormen Aufschwung erlebt, und im August 1929 findet das erste Luftderby für Frauen statt, bei dem Thea sich neben der Australierin Jessie Keith-Miller als einzige Ausländerin beteiligt. Es ist das berühmte Powder Puff Derby, das Puderquastenrennen, ein Name, der, wie Thea schreibt, nicht einer gewissen Begründung entbehrte. So tollkühn die Pilotinnen die Herausforderungen meisterten, so sehr achteten sie bei den anschließenden Fototerminen darauf, ihre Weiblichkeit mit Lippenstift und Puderquaste zu unterstreichen, manche flogen mit weißen Handschuhen und kokettem Hütchen, als ob sie gerade vom Fünfuhrtee kommen würden.

Vor allem aber halten die Frauen zusammen, helfen sich gegenseitig und treten geschlossen gegen die Veranstalter auf, als diese ihnen wegen besserer Werbeeinnahmen miserable Flugplätze für ihre Zwischenlandungen anbieten. Mit ihrer großen Erfahrung kann Thea die Schwächen ihrer kleinen Maschine wettmachen, immer wieder kommt es vor, dass sich die anderen Fliegerinnen mit ihren PS-starken Flugzeugen an sie hängen, um den Kurs zu halten. Am Ende kommen 13 der 20 Frauen im Ziel an – zusammengeschweißt in Kameradschaft und Hilfsbereitschaft gründen sie bald darauf den „Club der Neunundneunzig", bei dem Thea als erste Ausländerin aufgenommen wird. Er besteht bis heute und setzt sich als weltweit größte Pilotinnenvereinigung nach wie vor für die Interessen von Frauen in der Luftfahrt ein.

Für Thea Rasche ist das Powder Puff Derby einer der Glanzpunkte ihrer fliegerischen Laufbahn. Als sie wieder in Deutschland ist, ist die Zeit, als man mit Kunst- und Reklameflügen gutes Geld verdienen konnte, vorbei; auch einen geplanten Südamerikaflug kann sie mangels Kapital nicht ausführen. Ihre finanziellen Schwierigkeiten sind so groß, dass sie sich an ihren Vater wenden muss, der ihr zwar aus der Klemme hilft, aber dabei die Bedingung stellt, dass sie die Fliegerei endgültig aufgibt. Ihren langgehegten Traum eines Friedensfluges um die Welt kann sie einige Jahre später dennoch verwirklichen. Aufgrund ihrer guten Beziehungen in Fliegerkreisen, die sie durch eine Stelle als Schriftleiterin der „Deutschen Flugillustrierten" noch vertiefen kann, darf sie 1934 als Passagierin in einer Verkehrsmaschine der niederländischen KLM bei dem „Internationalen Flugzeugrennen für den Frieden“ von England nach Australien mitfliegen und live darüber berichten. Fünf Jahre vor Ausbruch des Zweiten Weltkriegs erlebt sie bei diesem Rennen noch einmal das, was für sie untrennbar zum Reiz des Fliegens gehörte: Völkerverbundenheit und Kameradschaft über alle nationalen Grenzen hinweg.

Glückliche Gewinnerin, lachende Zweite

Rosi Mittermaier

Es war eines jener Sportereignisse, das eine ganze Nation in Jubel versetzte, das ein Land einte in der Freude über einen grandiosen Sieg und ihm eine Heldin brachte, die die Herzen im Sturm eroberte – genauso schnell wie sie kurz zuvor die Abfahrtspiste in der Axamer Lizum hinabgesaust war. Deutschland hatte seine Gold-Rosi, die bei den Olympischen Winterspielen von Innsbruck 1976 gleich zweimal ganz oben auf dem Treppchen stand. Und die Rosi, wie sie heute, vierzig Jahre später, immer noch alle nennen, die lachte einfach und freute sich, freute sich auch noch über ihre Silbermedaille nach dem dritten Rennen. Freute sich für die Kanadierin Kathy Kreiner, die zwölf hundertstel Sekunden schneller gewesen war, und verstand nicht, wieso man sie fragte, ob sie enttäuscht sei, dass es beim Riesenslalom „nur" für den zweiten Platz gereicht habe.

Rosi Mittermaier steht wie kaum eine andere Spitzenathletin für Freude am Sport, für Bodenständigkeit und Bescheidenheit, Werte, die sie von klein auf in ihrem Elternhaus auf der bayerischen Winklmoosalm geprägt haben. Dort oben, in 1.170 Meter Höhe, hatte ihr Vater erst eine Hütte, dann ein Hochschulheim gepachtet und war außerdem als Skilehrer aktiv. Das Almgelände oberhalb von Reit im Winkl war dafür ideal. Auch heute noch gilt es als Schneeloch; in den 1950er Jahren konnte man hier von Oktober bis Mai Ski fahren. Nicht auf präparierten Pisten, sondern querfeldein, auf selbst gebauten Schanzen und an Pfingsten im Bikini, wie alte Filmaufnahmen von Rosi und ihren Schwestern zeigen. Und genauso unbeschwert fahren die Mittermaier-Mädchen auch ihre ersten Rennen, zuerst die neun Jahre ältere Heidi, die bereits einige Deutsche Meisterschaften gewonnen hatte, als ihr Rosi in den internationalen Skizirkus nachfolgt. Unter den Fittichen der großen Schwester kommt sie in den Nationalkader, gewinnt mit 16 die Deutsche Meisterschaft im Slalom und nimmt ein Jahr später, 1968, bereits an ihren ersten Olympischen Spielen teil. Auch wenn sie von einer Medaille hier noch einige Sekunden entfernt ist, muss sich ihr Talent bis nach Japan herumgesprochen haben, wo sie bei einem Frühjahrsskirennen im gleichen Jahr gefilmt und vermessen wird, um das „Rosi-Mittermaier-Geheimnis" zu entschlüsseln. Vier Jahre später in Sapporo sieht sie dann tatsächlich japanische Rosi-Klone und schafft selbst mit einem sechsten Platz in der Abfahrt ihre beste Platzierung. Traurig ist sie vor allem darüber, dass ihre jüngere Schwester Evi wegen einer schlimmen Verletzung nicht dabei sein kann.

Rosi Mittermaier, so schildern sie diejenigen, die sie gut kennen, ist eine, die mehr an andere denkt als an sich selbst, der Kameradschaft mit ihren Teamkolleginnen mindestens so wichtig ist wie der eigene Erfolg und der der sonst unter Spitzensportlern so verbreitete Ehrgeiz völlig fernliegt. „Rosi hat drei Olympische Spiele gebraucht, um ihr sportliches Potential umzusetzen. Eigentlich hätte sie schon viel früher viel mehr Rennen gewinnen müssen. Doch mit ihrer … Einstellung zum Sport war das schwer“, sagt ihr Ehemann, der mehrfache Weltcup-Sieger Christian Neureuther.

Zehn Jahre lang fährt sie im Weltcup, fast 200 Rennen, nicht nur in den europäischen Alpen, sondern auch in den USA, Kanada und Japan. Schnell ist sie von Anfang an, mitunter zu schnell, und mancher Sturz verhindert eine gute Platzierung. Bei den Weltmeisterschaften 1974

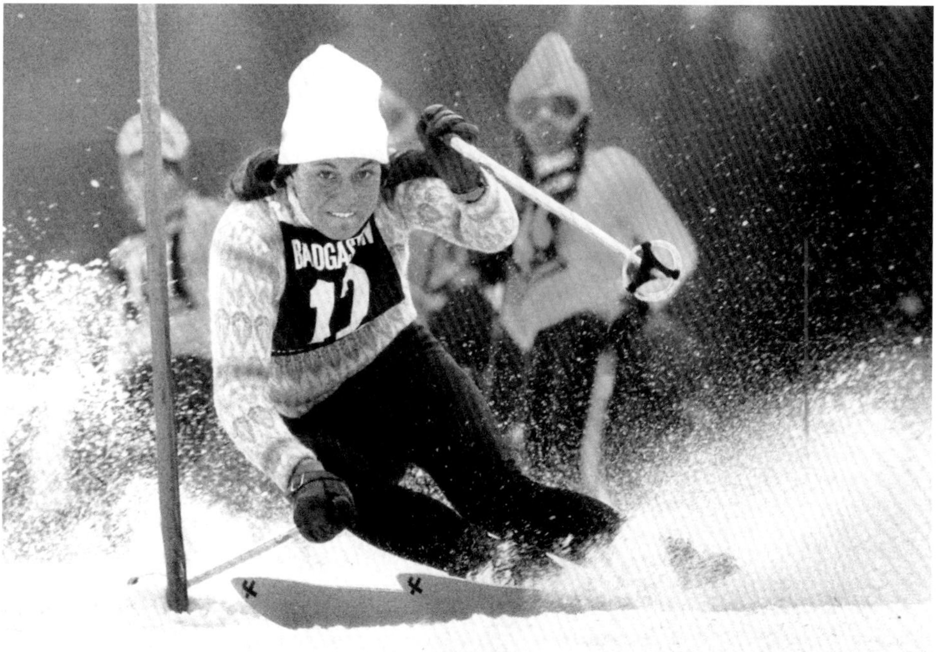

Rosi Mittermaier bei einem Skirennen 1970 – sechs Jahre später ging sie mit ihrem Doppelsieg bei den Olympischen Spielen von Innsbruck als Gold-Rosi in die Geschichte ein.

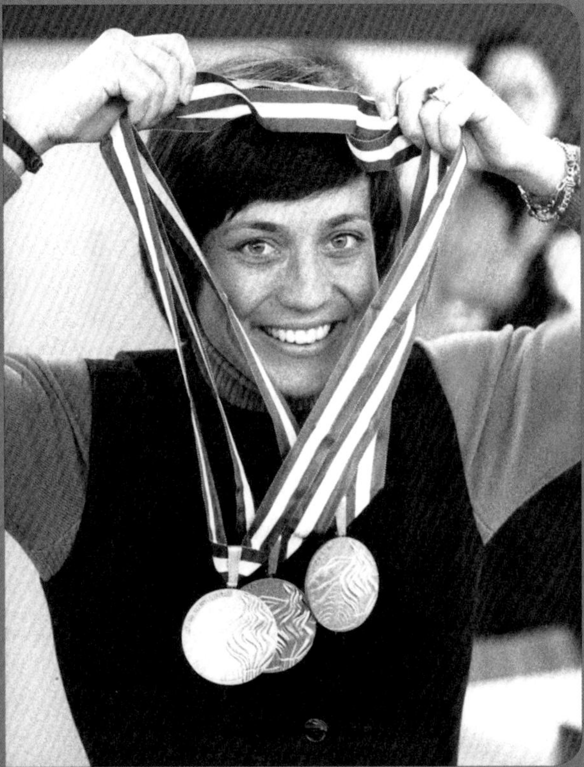

Rosa (Rosi) Katharina Mittermaier wurde 1950 im bayerischen Reit im Winkl geboren und wuchs mit ihren beiden Schwestern Heidi und Evi, die ebenfalls erfolgreiche Rennläuferinnen waren, auf der oberhalb des Ortes gelegenen Winklmoosalm auf. Nach ersten Jugendmeisterschaften tritt sie 1966 im Ski-Weltcup an. Insgesamt gewinnt sie neun Weltcup-Rennen und 1976 den Gesamt-Weltcup. Einer breiten Öffentlichkeit wurde sie aber vor allem durch ihre Medaillen bei den Olympischen Spielen von Innsbruck bekannt.

1980 heiratet Rosi Mittermaier den mehrfachen Ski-Weltcup-Sieger Christian Neureuther.

Sie hat etliche Auszeichnungen erhalten, wurde 1976 Sportlerin des Jahres, 1997 zur Deutschen Botschafterin für Sport, Toleranz und Fairplay des Europarates ernannt und 2006 in die Hall of Fame des deutschen Sports aufgenommen. Ihre Popularität hat sich auch 40 Jahre nach ihrem Karriereende gehalten, unter anderem durch Auftritte in Fernsehsendungen, zunächst der sehr erfolgreichen Tele-Ski-Serie, später auch in Unterhaltungsshows. Rosi Mittermaier hat zusammen mit ihrem Mann verschiedene Ratgeber zu Sport und gesunder Lebensführung geschrieben, außerdem autobiografische Notizen in dem 2011 erschienenen Buch „Fröhlich bin ich sowieso".

Ihr Sohn Felix Neureuther ist ebenfalls ein im Weltcup erfolgreicher Skifahrer.

in St. Moritz geht ihre Bindung mitten im Abfahrtslauf auf, einmal fällt sie mit einem Salto aus dem Sessellift, und im Winter vor den Spielen in Innsbruck prallt sie beim Abfahrtstraining für den Weltcup in der Axamer Lizum auf der späteren Olympiapiste mit einem Touristen zusammen und bricht sich den Arm, weil die Strecke irrtümlich zu früh frei gegeben worden war.

In der nächsten Saison führt sie im Weltcup – dennoch, so schrieb es rückblickend der Sportjournalist Heinz Maegerlein: „Ernsthafte Hoffnungen auf einen Olympiasieg leitete kaum jemand daraus ab. Die Zweifel waren berechtigt. Nicht nur, weil bei ihr noch immer etwas dazwischen gekommen war. Stand nicht auch Rosis ansonsten so lobens- und noch mehr liebenswerte Eigenschaft, den Sport nicht allzu ernst zu nehmen, lachend zu siegen, aber eben auch lachend verlieren zu können dagegen?“ Ähnlich sah das Heinz Mohr, der Konditionstrainer der Skifahrerinnen, der Rosi im Sommer vor ihren dritten Olympischen Spielen ein nach sportwissenschaftlichen Erkenntnissen aufgebautes Konditionstraining verordnet und überzeugt davon ist, dass sie aus ihrem Talent mehr machen könne. Und so nimmt sie „die Gaudi dann doch etwas ernster“, wie sie sich später erinnert.

Rosi Mittermaier ist nur 1,62 cm groß und wiegt nicht einmal 55 kg – was wohl auch die Japaner bewog, sie zum Vorbild für ihre ähnlich zierlichen Fahrerinnen zu nehmen – und das kommt ihr auf der kurvenreichen Strecke der Olympia-Abfahrt in der Axamer Lizum entgegen. Sie kann sich in den Kurven leicht machen und rutscht weniger, dafür muss sie sich auf den flacheren Stücken mehr ins Zeug legen als andere. Ihre Olympia-Abfahrt am 8. Februar 1976 startet sie mit sieben kräftigen Stockstößen, und dann geht es in weniger als eineinhalb Minuten in rasanter Fahrt die zweieinhalb Kilometer lange Piste vom Hoadl hinunter, die Ski auch bei eisigen Stücken fest in den Boden gepresst und die Kurven eng angeschnitten. Als sie ins Ziel rast, bricht bereits der Jubel los, Vorboten einer Rosi-Euphorie, die sich in den kommenden Tagen ins schier Unermessliche steigern sollte. Sie hat ihre erste olympische Goldmedaille, und bei der inoffiziellen Siegerehrung im Zielraum – die offizielle folgte später in Innsbruck – singen die Burschen aus ihrem Fanclub „Rosi, Rosi, noch einmal, es war so wunderschön…“.

Als sie drei Tage später mit dem Sessellift zum Start des Slalom fährt, stehen die Menschen trotz Schneetreibens und eisigem Wind unter ihr in Scharen, winken und grüßen. Beim ersten Durchgang auf der vereisten, mit Rillen durchsetzten Piste geraten ihr kurz die Skispitzen übereinander, aber beim zweiten glückt alles, und wieder kommt sie mit Bestzeit durch die 50 Tore ins Ziel – mit 1,94 m langen Ski und Strickmütze – ein Helm war damals nur bei der Abfahrt vorgesehen.

Das Zimmer von Rosi und ihrer Schwester im olympischen Dorf ist mittlerweile

Gestern in den Mittagsstunden bot die City ein exzentrisches Bild. Vor den Schaufenstern der Rundfunk- und Fernsehgeschäfte drängten sich die Passanten, und die Stimmung war ganz und gar unhannoveranisch. Denn wann hat es das schon mal gegeben, daß geballte Menschentrauben auf Hannovers Straßen ‚Rosi, Rosi' rufen. Ebenso schier unglaublich für hiesige Verhältnisse ist, daß mehrere Dutzend Leute vor den Schaufenstern der Fernsehgeschäfte gleichzeitig die Arme in die Luft warfen. Ehe Hannoveraner sonst die Arme in die Luft werfen, muß schon etwas Außergewöhnliches passieren, sechs Richtige im Lotto etwa. Doch derartige Temperamentsausbrüche auf offener Straße passieren in Niedersachsens Metropole sonst nur bei Schützenaufmärschen, und auch dann nur mit Hilfe von Lüttjen Lagen und anderer niedersächsischer Stimulanzen. Der Clou aber war, man feierte jemand aus Bayern. Und das muß als absolut einmalig in der bisherigen kleinhannoverschen Geschichte gelten. (Jo)

Aus der Hannoverschen Zeitung, zitiert nach Rosi Mittermaier: Ski-Zirkus. Meine 10 Jahre im Hochleistungssport, Gütersloh 1976, S. 63

mit Blumen überhäuft, auf Fernsehinterviews folgen Pressekonferenzen, Fotoaufnahmen und offizielle Gratulationen. Sie bekommt zwei Leibwächter. Ihr Leben hat sich innerhalb von drei Tagen komplett verändert – das ahnt sie jetzt schon und lässt sich dennoch nicht verrückt machen.

Bei ihrem dritten olympischen Rennen, dem Riesenslalom, erwarten alle Gold von ihr – sie selbst ist mit der Silbermedaille mehr als zufrieden, zumal sie damit auch noch Weltmeisterin in der Kombination geworden ist. Auch damals hat sie es wohl schon so gesehen, wie sie es viele Jahre später in einem Interview formuliert: „Bei den Olympischen Spielen sollten Werte, Nachhaltigkeit und Fairplay im Vordergrund stehen und nicht das Geld und die Medaillen. Ob da einer im Slalom eine Tausendstelsekunde schneller fährt als der andere, das ist doch am Ende egal."

Die Rosi-Spiele waren es in Innsbruck ohnehin schon geworden, und an ein normales Leben auf der Winklmoosalm nicht mehr zu denken. Briefe, Telegramme, Päckchen muss der Postbote zu Zehntausenden zum Mittermaier-Haus hinaufbringen, und die Schaulustigen kommen in Scharen, um einen Blick auf ihre Ski-Königin zu erhaschen. Für kurze Zeit kann sie dem Trubel noch einmal entkommen, als sie in den USA die letzten Rennen des Weltcups fährt und auch diesen noch gewinnt – der krönende Abschluss eines perfekten Skiwinters für die 25-jährige Rennläuferin, und einer Laufbahn, an deren Ende sie die bis dahin erfolgreichste Skifahrerin aller Zeiten ist.

Rosi entschließt sich, aufzuhören, wenn es am schönsten ist. Im Juni 1976 erklärt sie ihren Rücktritt und beginnt ein neues Leben als Geschäftsfrau. An Angeboten mangelt es nicht, zuvor schon waren Bierdeckel, Schnapsgläser und Kopfkissen mit ihrem Konterfei verkauft worden, ohne ihr Wissen und ohne ihr Zutun – eine unkontrollierte Vermarktung, die sie nun mit Hilfe einer Agentur in Bahnen lenken kann, die ihr entsprechen.

Mehr als vierzig Jahre ist das inzwischen her, und die Popularität von Rosi Mittermaier scheint ungebrochen. Sie nutzt sie für ein großzügiges Engagement, vor allem für die Deutsche Kinder-Rheuma-Stiftung, und andere Hilfsprojekte. Skifahren ist immer noch ihre Leidenschaft, aber bei weitem nicht die einzige. In ihrem Buch mit dem schönen Titel „Fröhlich bin ich sowieso" stehen ihre sportlichen Erlebnisse gleichberechtigt neben Kochrezepten und Familienbräuchen, Tipps zum Nordic Walking und der Strickanleitung für eine Wollmütze. Besser kann sie nicht ausdrücken, was ihr wichtig ist im Leben, auch wenn die Olympischen Spiele zuweilen noch auf schöne Art nachwirken. Zu ihrem 50. Geburtstag schenkte ihr Ehemann Christian Neureuther die Fackel, mit der das olympische Feuer 1976 durch Innsbruck getragen worden waren – Erinnerung an eine Zeit, die ihr Leben, nicht aber ihr Wesen verändert hat.

Rekordhalterinnen

Jeder Rekord hat seine Geschichte, aber nicht immer ist sie glücklich verlaufen. Das zeigen die Erfahrungen der Sportlerinnen in diesem Kapitel. Sie sind höher gesprungen, schneller gelaufen als ihre Gegnerinnen und haben diese manchmal erst auf den letzten Metern hinter sich gelassen.
Es sind Olympiasiegerinnen und Weltmeisterinnen, für die das Motto „Dabeisein ist alles" nicht gilt. Sie wollten gewinnen und haben es an die Spitze geschafft, weil sie im entscheidenden Moment alle Kräfte mobilisieren konnten und den Glauben an sich nicht verloren haben, auch wenn es nicht nach Plan lief.

Pionierin in Amsterdam

Lina Radke

Die Olympischen Spiele 1928 in Amsterdam gehören, wie später die Fußballweltmeisterschaft 1954 in Bern, zu den Sportereignissen, die hierzulande von besonderen Erwartungen begleitet wurden. In beiden Fällen trat Deutschland, nachdem es einen Weltkrieg begonnen und mit Schmach verloren hatte, erstmals wieder in einen großen internationalen sportlichen Wettstreit. 16 Jahre mussten Athleten, Funktionäre und die sportbegeisterte Öffentlichkeit auf eine deutsche Beteiligung an den Olympischen Spielen warten, nachdem die Spiele 1916 infolge des Krieges ausgefallen und deutsche Sportler 1920 in Brüssel und 1924 in Paris von der Teilnahme ausgeschlossen waren.

Besonders in die Leichtathleten wurden in Amsterdam große Hoffnungen gesetzt; aus ihren Reihen wurde mit dem Diskuswerfer Ernst Paulus auch der Fahnenträger der deutschen Mannschaft ausgewählt. Aber nicht er sorgte am vierten Tag der Spiele für die erste Goldmedaille der deutschen Mannschaft – und einzige der Leichtathleten – sondern eine junge Frau mit dem modischen Bubikopf der 20er Jahre: Lina Radke.

Lina Radke hat Sportgeschichte geschrieben – durch ihre Goldmedaille, die für die deutschen Leichtathleten nicht nur die erste und einzige in Amsterdam war, sondern auch die erste überhaupt seit Beginn der Olympischen Spiele 1896, und durch das Rennen, bei dem sie sie gewonnen hat. Es war der Höhepunkt einer jahrelangen Auseinandersetzung über die Frage, welche Sportarten für Frauen angemessen seien. Denn anders als Tennis, Golf oder Hockey, die sich zu Beginn des 20. Jahrhunderts als Freizeitbeschäftigung gehobener Schichten auch für Frauen etabliert hatten, schienen die vor allem auf Wettkampf ausgerichteten sogenannten Rasensportarten vielen Fachleuten als ungeeignet für das weibliche Geschlecht. Vor allem gesundheitliche Bedenken hinsichtlich der Gebärfähigkeit von Sportlerinnen und ästhetische Einwände wurden geltend gemacht.

„Viele Vorurteile gab es zu beseitigen: Die Wettläuferin, die mit verzerrtem Gesicht durchs Ziel saust, die Springerinnen mit ihren ruckartigen Reißbewegungen, die Werferinnen und Kugelstoßerinnen mit ihren männlichen Kraftübungen, sie alle wurden als unweiblich bezeichnet. Die weibliche Anmut ginge verloren. Die Gesichtszüge würden hart und männlich, der blütenweiße ‚Salonteint' verwandle sich in eine rote, braune, unweibliche Gesichtsfarbe, so hieß es. Fröhliche Spiele auf grünem Rasen, Wandern, rhythmische Gymnastik geziemen der Frau, nicht der Wettkampfsport, so schrieben viele Zeitungen. … Mit einem Wort, es war ein schwerer, dornenvoller Weg für die Verfechter

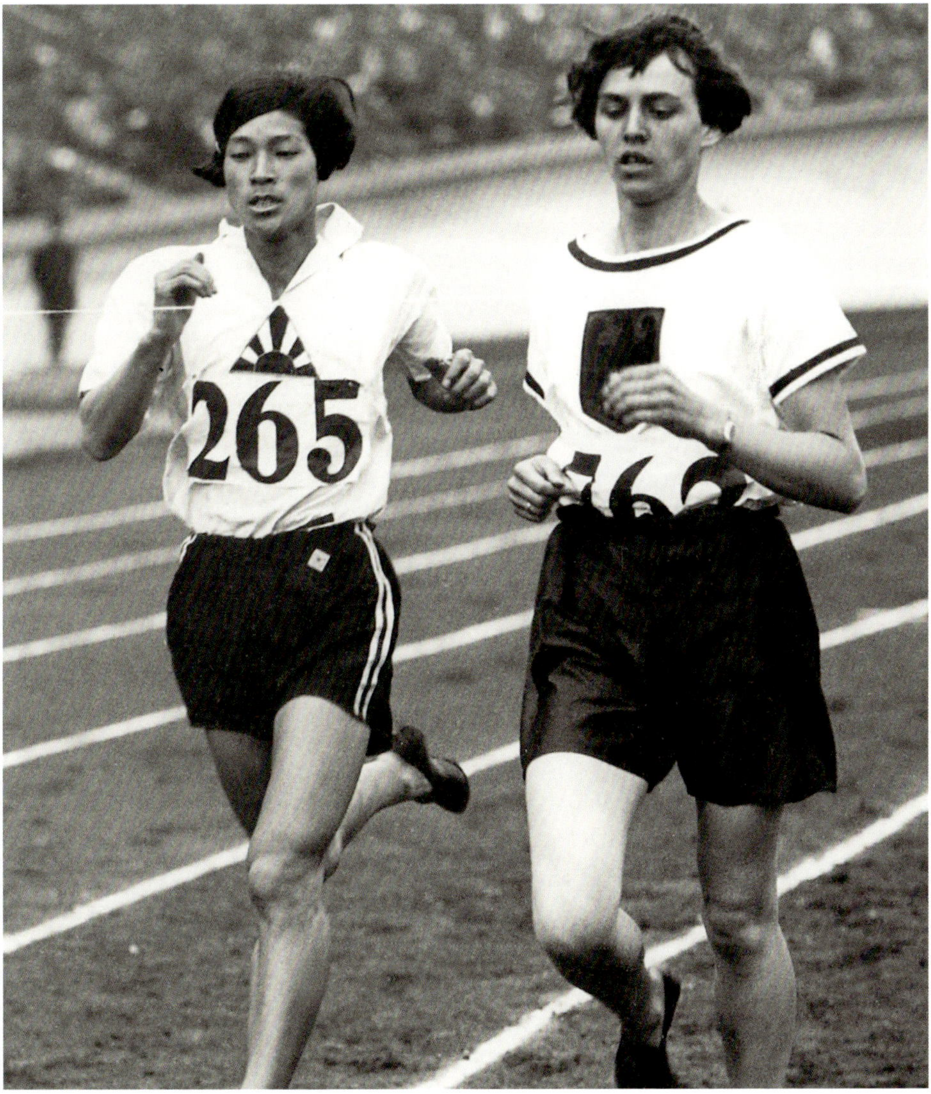

Die Japanerin Kinue Hitomi und Lina Radke (rechts) beim legendären 800 Meter-Lauf bei den Olympischen Spielen von Amsterdam 1928.

der Idee", hieß es 1924 im Fachorgan „Der Leichtathlet".

Im selben Jahr war Lina Batschauer, wie sie vor ihrer Heirat mit Georg Radke hieß, in den gerade erst gegründeten Leichtathletik-Verein Baden-Baden eingetreten. Schnell zeigt sich ihr Talent als Mittelstreckenläuferin, sie gewinnt sämtliche Frauenwettbewerbe auf Bezirksebene und wird 1926 Badische Meisterin über 1.000 Meter. Über diese Distanz gewinnt sie 1926 auch die Deutsche Frauenmeisterschaft – und ist damit bis heute die einzige Deutsche Meisterin über den 1.000 Meter-Lauf geblieben, denn dieser wird bereits ein Jahr später angesichts der bevorstehenden Olympischen Spiele auf die 800 Meter-Strecke verkürzt.

Für Lina Batschauer geht die Erfolgsserie weiter, und auch privat ist 1927 ein glückliches Jahr für sie. Sie heiratet Georg Radke, Trainer und zeitweiliger geschäftsführender Vorstand im Baden-Badener Leichtathletik-Verein, und folgt ihm in seine Heimatstadt Breslau. Dort siegt sie im gleichen Jahr bei den Frauenmeisterschaften über 800 Meter in Weltrekordzeit von 2:23,7 min.

Georg Radke entwickelt gemeinsam mit seiner Frau ein intensives Trainingsprogramm, sodass sie ihre bisherige Bestzeit bei den Deutschen Meisterschaften 1928 noch einmal unterbieten kann. Ein Platz in der Olympiamannschaft ist ihr damit sicher.

In Amsterdam sind erstmals in der Geschichte der Olympischen Spiele leichtathletische Wettkämpfe für Frauen ausgeschrieben. Die Diskussionen im Vorfeld hatten allerdings dazu geführt, dass sie lediglich in fünf statt elf Wettbewerben antreten durften, was die Britinnen veranlasste, die Spiele zu boykottieren, obwohl sie gute Medaillenchancen gehabt hätten. Insgesamt starten 101 Sportlerinnen aus 18 Nationen.

Ein olympisches Dorf gibt es zur damaligen Zeit noch nicht, also wohnen die deutschen Athleten im Grand Hotel im 30 km entfernten Zandvoort. Mit ihrem Mann absolviert Lina Radke die letzten Trainingsläufe in den Dünen. Als der 800 Meter-Lauf ansteht, ist die Bahn im Stadion, die zwei Wochen vor Beginn der Wettkämpfe Risse zeigte, gerade erst erneuert worden. Ihre Konkurrentinnen sind stark, beim Vorlauf am Tag zuvor hatte Linas Landsfrau Marie Dollinger bereits den Weltrekord auf 2:22,4 min verbessert. Lina Radke unterbietet sie im Finallauf noch einmal und läuft nach zwei Stadionrunden mit einer Zeit von 2:16,8 min als Erste ins Ziel – ein sensationeller Sieg in einem Rennen, in dem auch ihre Konkurrentinnen sich selbst übertreffen.

In dem vom Reichsausschuss für Leibesübungen herausgegebenen Band zu den

Karoline (Lina) Batschauer wurde 1903 in Karlsruhe geboren. Die Familie zieht 1917 nach Baden-Baden, wo Lina in den Leichtathletik-Verein eintritt. In den kommenden Jahren siegt sie bei nationalen und internationalen Meisterschaften erst über 1.000 Meter, dann über 800 Meter. Ihren größten sportlichen Erfolg erringt sie mit einer Goldmedaille bei den Olympischen Spielen von Amsterdam 1928.
Über ihren Bruder, den Zehnkämpfer Ernst Batschauer, lernt sie ihren späteren Mann Georg Radke kennen, dem sie 1927 in seine Heimatstadt Breslau folgt. Nach dem Zweiten Weltkrieg muss sie aus Schlesien fliehen, lebt zunächst in Torgau und zieht 1961 mit ihrem Mann in ihre Heimatstadt Karlsruhe. Dort stirbt Lina Radke 1983.

Der legendäre 800 Meter-Lauf bei den Olympischen Spielen von Amsterdam ist als Film unter www.olympic.org/videos/amsterdam-1928-radke-lina zu sehen.

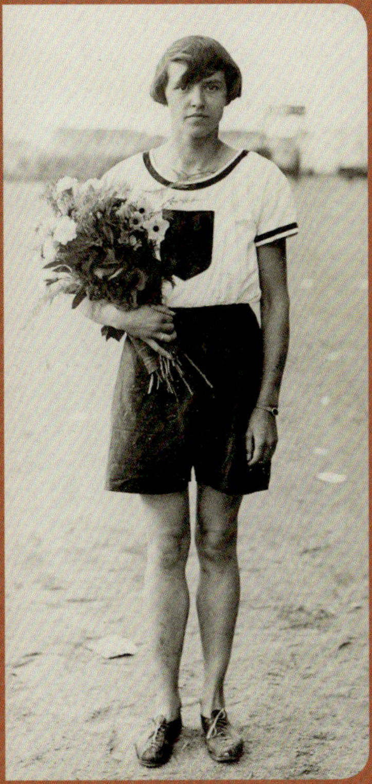

Spielen von Amsterdam heißt es: „Deutschlands Damen erwiesen sich als die wahren Herren der Lage, sie standen ihren Mann auf allen Sportgebieten, in denen sie beteiligt waren. … Über 800 Meter erlief Frau Radke Rekord und Sieg. Mit zäher Ausdauer hielt sie den, durch kluge Technik und großes Können erzielten Vorsprung bis ins Ziel fest, sie hatte das Letzte eingesetzt, ganz wie die Japanerin Hitomi, die ihr in sicherem Abstand folgte. Noch die vierte kam unter dem, erst am Vortage von der Deutschen Dollinger aufgestellten Weltrekorde ein." Begeisterung auch in der deutschen Fachpresse und bei der Rückkehr nach Deutschland – und doch war dieses umjubelte Rennen der Grund dafür, dass die 800 Meter-Distanz für Frauen in

Amsterdam für lange Zeit das letzte Mal gelaufen wurde.

Der 800 Meter-Lauf vom 2. August 1928 ist in die Sportgeschichte eingegangen, allerdings nicht, weil in diesem Rennen der bestehende Weltrekord gleich viermal unterboten wurde, sondern weil einige der Läuferinnen im Ziel erschöpft zu Boden gehen. Solche Bilder sind heute nicht ungewöhnlich – damals, in den Anfangszeiten der Frauenleichtathletik, schienen sie allen Gegnern des Wettkampfsports für Frauen Recht zu geben. Zeitungsartikel dramatisieren den Zieleinlauf, und die Verantwortlichen des Internationalen Olympischen Komitees beeilen sich, die Mittelstrecken-Distanzen für Frauen aus dem olympischen Programm zu nehmen. Es ist ein Schlag ins Gesicht für alle, die jahrzehntelang für eine Anerkennung des Frauensports gekämpft haben.

Ein paar Jahre können Lina Radke und die anderen Mittelstrecklerinnen noch bei einzelnen nationalen und internationalen Meisterschaften über 800 Meter starten. Aber 1933 folgen auch die deutschen Sportfunktionäre der Entscheidung des IOC. Im nationalsozialistischen Deutschland werden die alten Argumente gegen Leichtathletik als Wettkampfsport für Frauen allzu gern wieder aufgegriffen – sehr zur Enttäuschung der Athletinnen. Auch Lina Radke äußert sich in der Zeitschrift „Der Leichtathlet“ und bezieht dabei auch nationale Argumente mit ein: „Sehr zu bedauern ist es jedenfalls, daß die bisher so günstige Entwicklung zum Stehen gebracht wird durch die Streichung des 800 m-Laufs aus dem Meisterschaftsprogramm. … Bei allen Frauen-Länderkämpfen … wären wir aber bei Ausfall unserer Mittelstrecklerinnen von vornherein geschwächt.“

Trotzdem startet sie 1934 noch einmal bei den Frauen-Weltspielen der Leichtathletik in London, wo sie die Bronzemedaille gewinnt. Danach wird der 800 Meter-Lauf auch aus allen internationalen Wettbewerben genommen.

Lina Radke beendet nach den Londoner Spielen ihre aktive Laufbahn und arbeitet fortan als Trainerin in Breslau. Als bei den Europameisterschaften von Bern 1954 beim 800 Meter-Lauf erstmals auch wieder Frauen am Start sind, lebt sie in Torgau, wo sie und ihr Mann weiter als Übungsleiter tätig sind. Von ihrem eigenen Erfolg in Amsterdam bleiben ihr zu dieser Zeit nur die Erinnerungen, denn als sie nach Kriegsende aus Schlesien fliehen muss, verliert sie ihre olympische Medaille. 1956 wird sie ihr vom Nationalen Olympischen Komitee der DDR ein zweites Mal verliehen. Es sollte noch weitere vier Jahre dauern, bis die 800 Meter-Distanz wieder als olympischer Wettbewerb für Frauen zugelassen wurde.

Um den Sieg gebracht

Gretel Bergmann

Es ist eine bombastische Feier, mit der die Olympischen Spiele von Atlanta am 19. Juli 1996, hundert Jahre nach den ersten Spielen der Neuzeit, eröffnet werden. 85.000 Zuschauer sind voll freudiger Erwartung und zutiefst bewegt, als der an Parkinson erkrankte Muhammed Ali das olympische Feuer entzündet. Aber unter ihnen ist auch eine Frau, die nicht weiß, ob sie genauso vorbehaltlos in den Jubel einstimmen kann wie alle anderen. Die mit dem Besuch der Spiele auch ein Kapitel ihrer eigenen Geschichte wachruft, das sie an die schlimmste Zeit ihres Lebens erinnert. Vor 60 Jahren hätte sie, Gretel Bergmann, an der Eröffnungsfeier der Olympischen Spiele von Berlin teilnehmen und im Hochsprung wahrscheinlich eine Medaille gewinnen können. Aber Gretel Bergmann ist Jüdin, und das allein reichte 1936 aus, die zu der Zeit vielleicht beste Hochspringerin der Welt von der Teilnahme auszuschließen.

22 Jahre alt war sie damals und erlebte die Schrecken des Nationalsozialismus in Deutschland in all den furchtbaren Facetten, die dem unbeschwerten Leben ihrer Kindheit und Jugend seit der Machtübernahme Adolf Hitlers ein brutales Ende gesetzt hatten. Als Tochter einer wohlhabenden Fabrikantenfamilie hatte sie im schwäbischen Laupheim mit ihrem zwei Jahre älteren Bruder alle Freiheiten des Lebens auf dem Land genossen und sich früh für jede Art von Sport begeistert. Sie wird Mitglied im Laupheimer Turnverein, und mit zehn Jahren weiß sie, dass sie einmal Sportlehrerin werden will. Als sie nach der Volksschule in Laupheim auf ein Ulmer Mädchengymnasium wechselt, tritt sie in den dortigen Fußballverein ein, wo ihr Talent für die Leichtathletik erkannt und gefördert wird. In den Schulferien nimmt sie gemeinsam mit den besten Sportlern aus ganz Deutschland an Trainingslagern teil und ist besonders im Hochsprung erfolgreich. Es ist eine glückliche Zeit für Gretel Bergmann. Der Verein wird ihr zur zweiten Familie, und sie vertritt ihn bei Wettkämpfen in ganz Süddeutschland. Sie träumt von einer Zukunft als erfolgreiche Sportlerin und Trainerin – doch drei Jahre später werden all diese Hoffnungen auf perfide Weise zerschlagen. Wenige Tage vor ihrem 19. Geburtstag erhält sie im Frühjahr 1933 einen Brief des Ulmer Fußballvereins mit der Mitteilung, dass ihre Mitgliedschaft gekündigt und sie dort nicht mehr willkommen sei. Die Hochschule für Leibesübungen in Berlin, an der sie im Sommersemester ihr Studium beginnen wollte, schreibt ihr, dass es besser sei abzuwarten „bis das alles vorüber ist". Die Nationalsozialisten ließen sich keine Zeit, klar zu machen, dass Juden in Deutschland nicht mehr erwünscht waren.

Den Sommer über verschlimmert sich die Lage zusehends, und Gretel Bergmann realisiert, dass sie in dem Land, das sie immer geliebt hat, keine Chance hat, ihren Weg fortzusetzen. Gemeinsam mit ihren Eltern beschließt sie, nach England zu gehen. Aufgrund ihrer außergewöhnlichen Begabung wird sie in die Leichtathletikmannschaft des Londoner Polytechnikums aufgenommen, wo sie endlich wieder gute Trainingsmöglichkeiten findet. Sie fasst neuen Mut und hofft, durch herausragende Leistungen einen Platz im britischen Olympiateam für die Spiele 1936 zu bekommen.

Doch die Unbeschwertheit und Freude, mit der sie früher ihren Sport betrieben hat, sind vorbei. In ihren Erinnerungen schreibt sie: „Es machte mich traurig, dass ausgerechnet die Wut auf die Nazis hinter meinem Wunsch nach herausragender Leistung stand. Rache als Motiv verstieß in meinen Augen gegen den Geist des Sportes, aber meine Verletzung war zu groß, und ich glaubte, sie am besten dadurch heilen zu können, dass ich die Leistungen

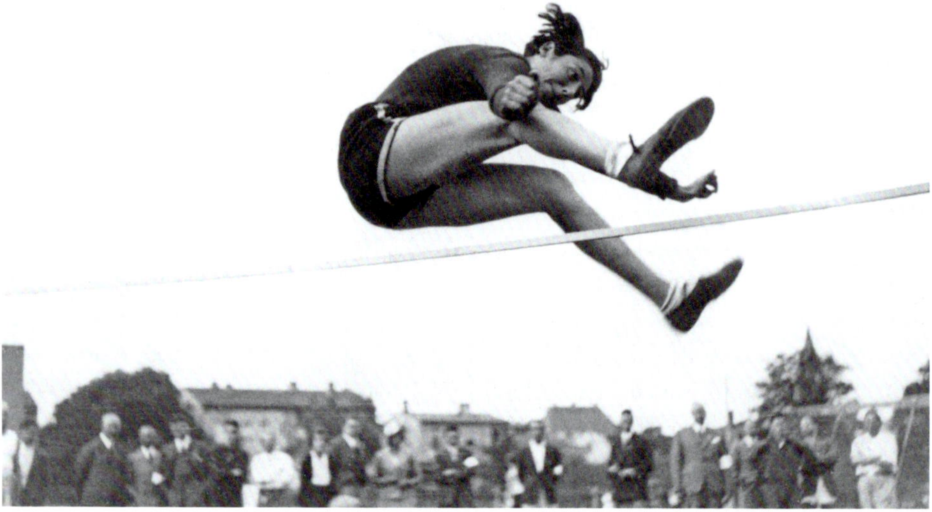

Mit dem bis in die 30er Jahre üblichen Schersprung schaffte Gretel Bergmann Sprunghöhen bis zu 1,60 Meter und gehörte damit zu den weltbesten Hochspringerinnen ihrer Zeit.

der deutschen Leichtathletinnen übertraf.“ Im Juni 1934 sieht sie ihre Chance bei den Britischen Meisterschaften gekommen. Als die Latte bei 1,50 Metern liegt, sind nur noch die zweifache Britische Meisterin Mary Milne und Gretel Bergmann am Start, bei 1,55 Metern schaffen beide weder den ersten noch den zweiten Versuch, aber beim dritten Mal gelingt es Gretel Bergmann, die Latte zu überspringen ohne sie zu berühren. Sie ist Britische Meisterin!

Gemeinsam mit ihren Freundinnen und ihrem Vater, der ebenfalls gekommen ist, feiert sie ausgelassen und glaubt nun fest daran, dass sie es schaffen kann, in die britische Olympiamannschaft aufgenommen zu werden. Aber der Grund für den Besuch ihres Vaters ist nicht die Leichtathletikmeisterschaft, und er ist auch nicht geschäftlich in England. Er ist gekommen, um seiner Tochter mitzuteilen, dass die Nationalsozialisten ihre Rückkehr nach Deutschland fordern. Zuerst begreift sie es nicht. Erst hatte man ihr sämtliche Möglichkeiten einer sportlichen Laufbahn in ihrer Heimat genommen, und nun sollte sie zurückkommen, um sich um einen Platz in der deutschen Olympiamannschaft zu bewerben. Erst nach und nach wird ihr das Intrigenspiel, das hinter diesem Ansinnen steht, klar. Zwei Jahre vor den in Berlin geplanten Olympischen Spielen äußern sich einige Nationen besorgt über die Diskriminierung der Juden in Deutschland und erwägen, den Austragungsort der Spiele zu verlegen oder sie zu boykottieren. Um sein Prestigeprojekt nicht zu gefährden und die Skeptiker zu beruhigen, braucht Hitler eine Alibijüdin. Gretel Bergmann wird, wie sie selbst es beschreibt, zur Schachfigur in Hitlers politischem Täuschungsmanöver. Und sie hat keine Chance zu entkommen, wenn sie nicht ihre Familie gefährden will.

In den nächsten beiden Jahre erlebt die junge Hochspringerin ein quälendes Auf und Ab der Gefühle, sie ist hin- und hergerissen zwischen dem Wunsch, an den Olympischen Spielen teilzunehmen und den Nationalsozialisten zu zeigen, dass sie als Jüdin genauso gut, wenn nicht sogar besser ist als ihre nicht-jüdischen Konkurrentinnen, und der Angst vor weiteren Demütigungen und Repressalien. Sie muss sich selbst um Trainingsmöglichkeiten bemühen und ist von der Mitgliedschaft im Deutschen Leichtathletikverband ausgeschlossen, wird aber regelmäßig zu Olympia-Trainingskursen eingeladen. Die Nationalsozialisten wollen auf diese Weise die Bedenken der ausländischen Boykott-Befürworter entkräften, die Spiele in Berlin seien mit der olympischen Idee der Gleichbehandlung aller Sportler nicht vereinbar.

Trotz aller gegenteiligen Befürchtungen wird Gretel Bergmann bei diesen Kursen von den anderen Sportlerinnen und dem

Trainer freundlich aufgenommen, die Ungewissheit über das, was man mit ihr vorhat, bleibt jedoch bestehen. Lediglich ein einziges Mal darf sie in einem Wettkampf im Juni 1935 gegen die Olympia-Kandidatinnen im Hochsprung antreten und wird mit einer Höhe von 1,56 Metern Erste. Im folgenden Jahr, gut einen Monat vor Beginn der Olympischen Spiele, wird sie zu einem weiteren Wettbewerb nach Stuttgart eingeladen. Ihre Konkurrentinnen scheiden bereits bei 1,40 Metern aus, sie selbst aber springt „wie eine Verrückte, besessen von dem Gedanken, die Punktrichter, die Zuschauer, die ganze Nazipartei zu demütigen“ und schafft schließlich ohne Probleme den deutschen Rekord von 1,60 Metern, eine Höhe, die bis dahin weltweit nur drei Frauen überwunden haben. Drei Wochen später, kurz nachdem die amerikanische Olympiamannschaft per Schiff nach Europa aufgebrochen ist, wird ihr in einem Brief mitgeteilt, aufgrund ihrer ungenügenden Leistungen werde sie nicht in die deutsche Olympiamannschaft aufgenommen. Der Öffentlichkeit erklären die deutschen Sportbehörden, Fräulein Bergmann könne aufgrund einer Verletzung nicht an den Spielen teilnehmen.

Gretel Bergmann hat dieses Trauma nie ganz überwunden. Im Mai 1937 verlässt sie ihre Heimat und ihre Familie und bricht auf in ein neues Leben in den USA. Sie schwört sich, nie wieder deutschen Boden zu betreten. Aus der Ferne hören sie und ihr Verlobter Bruno Lambert, der ihr 1938 folgen kann, von dem grausamen Schicksal der Juden in Deutschland und Europa, von dem auch ihre Verwandten und Freunde nicht verschont bleiben.

Der Kontakt zur alten Heimat reißt ab, bis sie nach fast einem halben Jahrhundert Post aus Laupheim erhält. Der Absender ist der Ehrenvorsitzende des Laupheimer Turn- und Sportvereins Burkhard Volkholz, der sich in den kommenden Jahren für eine späte Ehrung von Gretel Bergmann-Lambert einsetzt. Infolgedessen bemühen sich nun auch Vertreter des deutschen Sports um eine Wiedergutmachung.

Hochsprung im Wandel

Die Techniken beim Hochsprung haben sich in den letzten Jahrzehnten ständig verändert, wodurch eine enorme Steigerung der Sprunghöhe möglich wurde. Gretel Bergmann sprang den bis in die 30er Jahre üblichen Schersprung. Er wurde zunächst durch den Rollsprung und dann durch den Straddle abgelöst, bei denen die Springer die Latte bäuchlings überqueren. Beide Techniken erlauben bereits eine Sprunghöhe, die die Körpergröße übertrifft. Heute ist der in Rückenlage gesprungene Flop üblich, bei dem die besten Frauen 2,05 Meter überspringen. Der Weltrekord liegt bei 2,09 Metern.

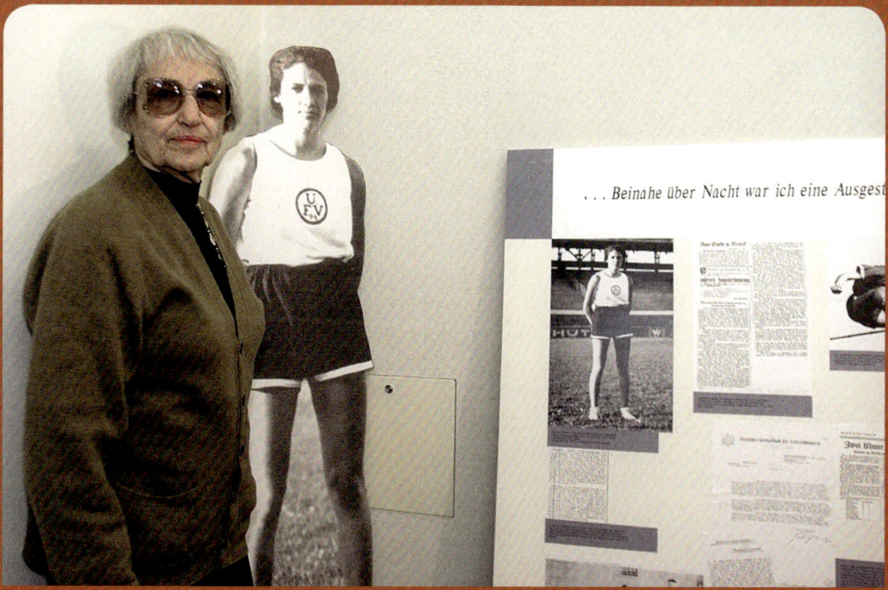

Margaret (Gretel) Bergmann-Lambert wurde 1914 im württembergischen Laupheim geboren, sie starb 2017 in New York. In den frühen 1930er Jahren zählte sie zu besten deutschen Hochspringerinnen, doch die Nationalsozialisten verweigern ihr aufgrund ihrer jüdischen Herkunft die Teilnahme an den Olympischen Spielen von Berlin 1936. Bergmann emigriert 1937 in die USA, wo sie ihren deutschen Freund Bruno Lambert heiratet. In den USA nimmt sie 1937 und 1938 an den Amerikanischen Leichtathletik-Meisterschaften teil und gewinnt in beiden Jahren den Hochsprung. Mit dem Ausbruch des Zweiten Weltkriegs zerschlagen sich ihre Hoffnungen, doch noch an Olympischen Spielen teilzunehmen, endgültig.

1980 wurde Bergmann in die International Jewish Hall of Sports aufgenommen, 2012 in die Hall of Fame des deutschen Sports. Ihre Lebensgeschichte wurde in Dokumentarfilmen und dem Spielfilm „Berlin ‚36", hier jedoch verfremdet, dargestellt.

2003 gab das Haus der Geschichte Baden-Württemberg ihre Erinnerungen unter dem Titel: „Ich war die große jüdische Hoffnung". Erinnerungen einer außergewöhnlichen Sportlerin heraus.

Lange hat sie betont, dass sie niemals vergeben könne, aber die Einladung, die Olympischen Spiele von Atlanta als Gast des deutschen NOK mitzuerleben, erweist sich für Gretel Bergmann als ein erster Schritt der Versöhnung. Als sie 1999 mit dem Georg-von-Opel Preis in der Kategorie „Unvergessene Meister“ ausgezeichnet wird, bricht sie ihren Schwur und fährt 62 Jahre, nachdem sie Deutschland verlassen hat, zur Preisverleihung nach Frankfurt und anschließend nach Laupheim. Es ist eine Woche mit vielen freundlichen Begegnungen, in der sie erkennt, dass das heutige Deutschland ihren Hass nicht länger verdiene, eine Woche, in der sie „ein Stück innerer Heilung und Frieden“ gewonnen hat.

„Obwohl ich damals nicht wusste, welche Rolle ich wirklich in dem ideologischen Kampf zwischen Deutschland und dem Rest der Welt spielte, waren meine psychischen Qualen so stark, dass sie noch sehr lange anhielten. Die Ängste vor jedem Trainingskurs, die Angst, als Jüdin – wenn auch selten – vor einem nichtjüdischen Publikum anzutreten, das mir in großen Teilen zweifellos feindlich gesonnen war, war eine schwere Bürde. In mir tobte ein ständiger Kampf – der verzweifelte Wunsch, bei den Olympischen Spielen antreten zu können, und die starke Abneigung, für die Nazis antreten zu müssen. Ich habe mich oft gefragt, wie ich es unter diesen Umständen überhaupt geschafft habe, zu funktionieren und Spitzenleistungen zu erbringen.

Eins war mir völlig klar: Letztlich konnte ich nur verlieren. Wenn man mir die Teilnahme verwehrte, würde mein lebenslanger Traum zerstört, zu den wenigen Begabten zu gehören, die für ein Ereignis dieser Größenordnung ausgewählt wurden – ein Ehrgeiz, den wohl jeder Sportler hat. Trat ich an und verlor, würde ich mich und die gesamte jüdische Welt der Lächerlichkeit preisgeben: ‚Seht nur, wir haben es ja gleich gesagt, der Jude ist minderwertig.‘ Trat ich aber an und gewann – und das lag durchaus im Bereich des Möglichen – könnten die Folgen fürchterlich sein. Ich hätte dann Adolf Hitler vor den Augen der ganzen Welt zum Lügner gestempelt, und dafür würde man mich mit Sicherheit bestrafen. Die Furcht vor der Zukunft ließ mich nachts schweißüberströmt aufwachen. Ich sah mich auf dem Siegertreppchen stehen. Was sollte ich tun? Sollte ich, eine Jüdin, etwa den Arm zum Nazigruß heben? Wer jetzt etwa fragt, warum ich nicht einfach davongelaufen bin, der kennt die Mentalität der Nazis nicht. Wenn die Nazis etwas befahlen, dann gehorchte man. Man hatte mir befohlen, aus England zurückzukommen, man hatte mir befohlen, als Kandidatin für Olympia anzutreten, man hatte mir befohlen, das Gelöbnis zu unterschreiben. Ich hatte keine andere Wahl, als zu gehorchen, ungeachtet der Folgen. Ich empfand mich als Repräsentantin des jüdischen Volkes, und deshalb musste ich ohne Rücksicht auf mögliche Konsequenzen mein Bestes geben. Aber mir, der Sport und Wettkampf immer so viel Freude gemacht hatten, fiel es schwer, mich damit abzufinden, dass all das zu einem bloßen Nervenkrieg geworden und ich hilflos einem rücksichtslosen, mächtigen Angreifer ausgeliefert war.“

Aus: Gretel Bergmann: „Ich war die große jüdische Hoffnung“. Erinnerungen einer außergewöhnlichen Sportlerin. Hrsg. vom Hause der Geschichte Baden-Württemberg, 2. Auflage Ubstadt-Weiher 2015, S. 194 f.

Comeback mit 42

Birgit Fischer

„Paddel-Oma kämpferisch" oder „Die flotte Birgit und ihre Fahrt nach Athen" – das Medienecho auf die Presseerklärung von Birgit Fischer am 29. Oktober 2003 zu ihrem Comeback und die darauf folgende Olympia-Qualifikation war enorm und das aus gutem Grund: Die erfolgreichste Kanutin der Welt hatte verkündet, dass sie trotz ihres Rücktritts nach den Olympischen Spielen von Sydney und dreijähriger Trainings- und Wettkampfpause nun doch noch einmal versuchen werde, bei Olympia dabei zu sein. Mit 42 Jahren, in einem Alter, in dem sich andere längst vom Leistungssport verabschiedet haben, wollte sie bei ihren sechsten Olympischen Spielen antreten.

Fischer ist nicht nur eine Kämpferin, sie ist eine Siegerin. Das machte sie bereits im Nachsatz zur Erklärung ihres Comebacks deutlich: Wenn sie es in die Olympiamannschaft schaffe, dann wolle sie auch eine Medaille holen. Das war mutig, aber nicht vermessen. Denn ihre Bilanz bis dahin konnte sich sehen lassen: Dem ersten olympischen Gold 1980 in Moskau folgten neun weitere Medaillen bei vier Olympischen Spielen, 27 Mal war sie Weltmeisterin geworden. Zunächst aber galt es, die Qualifikation ins deutsche Team zu schaffen. Die ersten nationalen Sichtungen fanden bereits im April des kommenden Jahres statt – insgesamt blieben ihr 303 Tage zur Vorbereitung.

Beim Kanurennsport kommt es vor allem auf Technik, Kraft und Ausdauer an. Kanuten müssen enorme Kraft auf das Paddel bringen, um das Boot und das eigene Körpergewicht gegen den Reibungswiderstand des Wassers vorwärts zu bewegen. Beim Start bekommen die Sportlerinnen bis zu 35 kg auf die Paddelflächen – und die im Vierer-Kajak hinten sitzenden Kanutinnen bei den ersten acht Startschlägen mit jedem Paddelschlag einen Eimer Wasser ins Gesicht geschleudert. Während des Rennens sind es immer noch 20 bis 25 kg, bei einer Schlagfrequenz von ein bis zwei Schlägen in der Sekunde. Dies gilt es durchzuhalten, auf 500 Metern bei den Damen im Einer-, Zweier- oder Vierer-Kajak und, seit 2012 neu, bei 200 Metern im Einer.

Wenn sie es ernst meinte mit ihrer Ankündigung, wenn sie wirklich eine Chance haben wollte, dann musste Birgit Fischer schleunigst anfangen mit dem Training. Laufen, Schwimmen und Krafttraining waren zwar wesentliche Bestandteile ihres Übungsplans – die wichtigste Vorbereitung aber war nun einmal die auf dem Wasser, und dafür waren die Voraussetzungen Ende Oktober nicht die besten. Kälte, Wind und die Aussicht auf zugefrorene Seen ließen sie in wärmere Gefilde reisen, im November ins Trainingslager der deutschen Kanuten nach Portugal und zu Beginn des Olympiajahres drei Wochen nach Südafrika. Doch als sie zurückkam nach Brandenburg, da wurde es so kalt, dass sie den heimischen Beetzsee erst nach einer halben Stunde Eishackens befahren konnte.

Insgesamt legte sie in diesen 46 Wochen mehr als 2.400 km mit dem Kajak zurück, plagte sich 55 Stunden im Kraftraum und ist 23 Stunden gelaufen. Eine Zeit mit vielen kleinen Zwischenerfolgen, aber auch immer wieder mit Rückschlägen.

Die Geschichte von Birgit Fischers Comeback ist vor allem eine Geschichte des positiven Denkens und der Eigenmotivation, im Training und beim Wettkampf, wenn Zweifel aufkamen oder die Arme sich wie Eisenstangen anfühlten und das Boot im Wasser zu kleben schien. Und sie ist eine Geschichte des unbedingten Willens, die Beste zu sein. Zwar habe sie bereits mit der Entscheidung weiterzumachen einen Sieg errungen. Aber das Motto „Dabei sein ist alles“ funktioniere nicht, wenn man Medaillen holen wolle, hat sie einmal gesagt.

Ihr Comeback hat funktioniert, weil sie bis zum letzten Moment an sich geglaubt hat. Erst bei den nationalen Sichtungen,

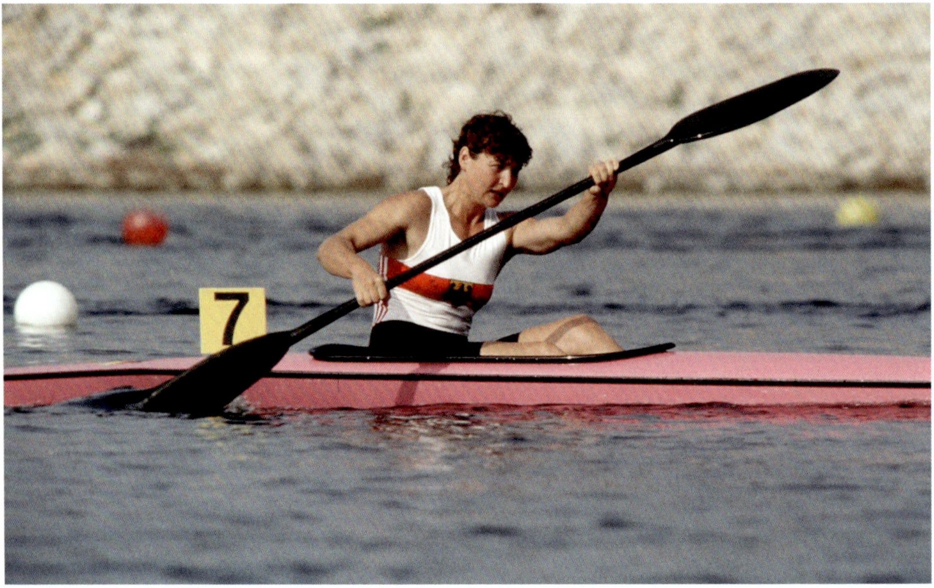

Siegreich im Einer-, Zweier- und Vierer-Kajak: Birgit Fischer nahm an sechs Olympischen Spielen teil und ist bis heute die erfolgreichste deutsche Olympionikin.

wo sie im Einer-Kajak erst den fünften, dann den dritten Platz belegte und im Anschluss bei der zweiten Sichtung allen Konkurrentinnen davon paddelte und mit zwei ersten Plätzen Gesamtranglistenerste wurde. Und schließlich auch in Athen, wo sie in einer denkbar knappen Aufholjagd mit ihrem Team im Vierer-Kajak auf den letzten Metern noch das ungarische Boot überholte und ihre achte Goldmedaille gewann. Und mit der Silbermedaille im Zweier-Kajak noch eins drauf setzte.

Es ist aber auch eine Geschichte der leidenschaftlichen Naturverbundenheit. „Draußen sein, im Einklang mit der Natur und den Ur-Elementen Wasser, Luft und Erde mit sehr positiver Wirkung für Körper, Geist und Gesundheit, dicht dran am Wechsel der vier Jahreszeiten, die Tiere auf und am Wasser, die Stille, das lautlose Gleiten des Bootes und die harmonische Paddelbewegung" – alles das macht für sie die Faszination des Kanufahrens aus.

Birgit Fischer liebt das Wasser und ist damit groß geworden. Schon ihre Großeltern sind mit ihrem Faltboot auf der Elbe gefahren, ihre Eltern waren Übungsleiter im Kanuverein in Brandenburg an der Havel. Mit vier Jahren paddelte sie das erste Mal im Boot ihrer Eltern mit, zwei Jahre später bereits im eigenen Boot. Bis heute lebt sie am Wasser, im brandenburgischen Bollmannsruh direkt am Ufer des Beetzsees. „Wasser zieht mich magisch an", sagt sie, egal ob sie sich nur darauf treiben lässt, mit dem Fotoapparat unterwegs ist oder Rennen fährt.

Bei den Spielen in Moskau 1980 wurde sie mit 18 Jahren im Einer als jüngste Kanutin aller Zeiten Olympiasiegerin, mit ihrem Sieg in Athen 2004 ist Birgit Fischer auch die älteste Kanutin, die je eine Goldmedaille bei Olympischen Spielen gewann. Im gleichen Jahr wurde sie zur Sportlerin des Jahres gewählt. Auch danach schloss sie weitere Olympiateilnahmen nicht aus. Dazu ist es nicht gekommen. Ihrem Ansehen als Sportlerin hat das keinen Abbruch getan. Keine andere Athletin war länger als sie in einer Sportart an der Weltspitze, sie ist die erfolgreichste deutsche Teilnehmerin bei Olympischen Spielen und gehört zu den sechs besten Olympioniken aller Zeiten.

Sie waren mehr als 25 Jahre lang im Kanurennsport an der Weltspitze, haben erfolgreich an sechs Olympischen Spielen teilgenommen und wurden 27 Mal Weltmeisterin. Was hat Sie über einen so langen Zeitraum immer wieder zu Höchstleistungen angetrieben?

Ich wollte immer gewinnen, aber die Motivation hat sich im Laufe der Zeit verändert. Am Anfang ging es vor allem darum, sich mit anderen im Wettkampf zu messen, später war es dann zunehmend die Neugier auf mich selbst: Was kann ich noch leisten, wo sind meine Grenzen? Es war ein Experiment mit mir selbst. Ich bin den Sport auch die meiste Zeit über eher spielerisch angegangen. Trotzdem ist meine Einstellung nicht, aufzuhören, wenn man den größten Erfolg hat. Dann hätte ich ja bereits 1980 meinen Rücktritt erklären können. Da hatte ich mit einer Goldmedaille im Einer bei den Olympischen Spielen von Moskau und bei den Weltmeisterschaften im Jahr zuvor im Kajak-Vierer eigentlich schon alles erreicht. Ich sage immer: Nur die Mutigen suchen ihre Grenzen. Und oft hat man ja die größte Entwicklung in der Niederlage.

Um so viele Jahre als Sportler erfolgreich zu sein, muss auch der Körper Reserven haben.

Ich war nie Trainingsweltmeisterin und habe nicht wie andere viele Stunden am Tag nur trainiert. Stattdessen war es mir wichtig, klug zu trainieren und auch Pausen einzulegen. Ich habe immer ein Trainingstagebuch geführt und im Laufe der Jahre ein Trainingsprogramm mit einem klugen Wechsel von Belastungs- und Erholungsphasen gefunden. Dazu muss man sich genau beobachten, in sich hineinhorchen und kann dann auch gelassen bleiben, wenn es mal nicht so läuft. Außerdem hatte ich ja neben dem Sport auch meine Kinder, mein Studium, meine Arbeit und meine Eltern und Geschwister. Gerade durch den Familienalltag mit meinen beiden Kindern habe ich die nötige Struktur bekommen für ein gezieltes Training.

Nach den Olympischen Spielen von Seoul 1988 und der Geburt Ihres zweiten Kindes 1989 haben Sie das erste Mal auch für lange Zeit pausiert …

In Seoul hatte ich nach acht Jahren meine erste Niederlage, als ich im Einer nur Zweite wurde, auch wenn die Bulgarin vor mir eine starke Gegnerin war. Das lag auch an der suboptimalen Vorbereitung. Wir mussten schon drei Wochen vor Beginn der Spiele nach Seoul und konnten nur auf einem Fluss trainieren, der eine ziemliche Strömung hatte, während die Wettkämpfe immer auf stehendem Gewässer stattfinden. Und dann hatte ich mir beim Training auch noch eine Zerrung an der Schulter geholt. Bei dem Rennen im Einer hatte ich schon vor dem Start gesagt: „Ich glaube, heute wird das nichts." Und mit so einer Einstellung kann man nicht gewinnen. Dennoch waren es mit Gold im Zweier und im Vierer meine erfolgreichsten Spiele. Danach habe ich aufgehört. Mehr für meine zwei kleinen

Kinder da sein, Diplomarbeit schreiben und einen tollen Beruf finden, war nun das Ziel.

... und hatten dann doch ein erstes sehr erfolgreiches Comeback in Barcelona.

Mit der Öffnung der innerdeutschen Grenze im Herbst 1989 war auf einmal vieles in meinem Leben in Frage gestellt: privat, beruflich und sportlich. Dadurch gab es aber auch neue Impulse. Das Paddeln, unter ganz anderen Bedingungen als noch in der DDR, bekam für mich einen großen Reiz. Lange habe ich überlegt, das Für und Wider mit der Familie und Freunden und vor allem mit mir abgewogen. Fast alle rieten mir ab, ein Comeback zu wagen, aber niemand konnte mich abhalten. Nach drei Jahren Trainings- und Wettkampfpause gelang es mir nach nur 278 Tagen Training, in Barcelona bei den Olympischen Spielen Gold im Einer und Silber im Vierer zu holen. Barcelona waren für mich auch die schönsten Spiele, das olympische Dorf direkt am Meer, und wir Kanuten hatten eine eigene Strecke nur für uns.

Danach ging es weiter mit Atlanta. Welche Erinnerungen verbinden Sie mit diesen Spielen?

Seit den Weltmeisterschaften von Mexiko 1994, wo ein großer Teil des deutschen Teams, auch ich, von Fieber und Durchfall geschwächt war und ich dann neben den Mannschaftsbooten noch im Einer angetreten bin und Gold gewonnen habe, kam ich nicht richtig wieder auf die Beine. Immer wieder gesundheitliche Probleme und Trainingsausfälle. 1995 bei der WM in Duisburg lief es nicht rund, Gold und Silber im Kajakvierer, aber keine Medaille im Einer.

In Atlanta 1996 gab es im Vierer Gold und Silber im Zweier, aber im Einer wurde ich am Ende nur Vierte, mein einziges Rennen bei Olympischen Spielen ohne Medaille. Danach bin ich bei großen Meisterschaften nicht mehr im Einer angetreten. Eine bewusste und angesagte Entscheidung. Mir fehlte der Mut, obwohl ich es sicher noch gekonnt hätte.

Was sind die Besonderheiten beim Einer-, Zweier- und Vierer-Kajak?

Erstmal sind wir alle Einzelkämpfer, man qualifiziert sich für das deutsche National-Team im Kajak-Einer. Dazu werden im Frühjahr Ranglisten-Rennen durchgeführt. Die endgültigen Bootsbesetzungen werden meist erst wenige Wochen vor einer Meisterschaft im Zusammenspiel von Trainer und Sportlerinnen beschlossen, und auch dann kann es immer noch Auswechslungen geben. Das erhält die Spannung aufrecht, was sich natürlich auch auf die Leistung auswirkt. Zuviel Ruhe ist gar nicht gut.

Es ist auch wichtig, wer wo im Boot sitzt. Bei den Olympischen Spielen in Barcelona zum Beispiel saß ich im Vierer an Position 3, eine sehr ungewohnte Position für mich, denn in den Mannschaftsbooten habe ich immer vorne gesessen. Wir wurden nur Zweite, was ich darauf zurückführe, dass nicht jeder im Boot die optimale Position hatte. Ganz vorne im Boot ist man zuständig für den Schlag und den Rhythmus sowie die Renneinteilung. Ein gutes Gespür für das Team hinter einem und einen langen raumgreifenden Paddel-Schlag sollte man haben. Ich wollte meine Team-Kolleginnen immer auch motivieren, mit vorbildlichem Training und auch mit der öffentlichen Ansage, dass ich an unseren Sieg glaube.

Das ist Ihnen bei den Spielen in Sydney 2000 wieder einmal gelungen, wo sie im Kajak-Zweier und im Vierer Gold gewonnen haben und außerdem noch Fahnenträgerin der deutschen Mannschaft waren.
Die Fahne für Deutschland ins Stadion zu tragen, das war eine große Anerkennung, die allerdings nicht mit einem besonderen Hochgefühl verbunden war. Da ich bei der Fahnen-Generalprobe nicht dabei sein konnte, wusste ich weder, wohin ich laufen noch in welche Halterung ich die Fahne anschließend stecken musste. Da haben mir letztlich die Zuschauer geholfen.

Ihr zweites sensationelles Comeback hatten Sie dann in Athen. Danach haben Sie weitere Olympiateilnahmen nicht gänzlich ausgeschlossen.
London, das neu ins Programm aufgenommene 200 m Sprintrennen reizte mich und lag im Bereich des Möglichen. Aber total übermotiviert verdrängte ich im Trainingslager in Australien einen über Wochen andauernden Reizhusten, habe trotzdem weiter trainiert, was dann zu einer Herzrhythmusstörung geführt hat. In der Euphorie darüber, dass es noch so gut läuft, habe ich die Signale meines Körpers nicht ernst genommen und mich danach vor allem über mich selbst geärgert.

Die Spiele in Rio konnte ich dann schon ganz gelassen als Zuschauerin verfolgen. Inzwischen bin ich viel zu beschäftigt, so dass ich eigentlich gar keine Zeit habe, über weitere Rennen nachzudenken. Bei Deutschen Meisterschaften könnte man allerdings auch ohne großes öffentliches Aufsehen noch einmal mitfahren …

Wie beurteilen Sie die Rolle, die der Sport in Ihrem Leben gespielt hat, heute?
Ich sehe es so: Ich hatte ein erstes, sehr aktives Leben, was ich mit der Unterstützung durch meinen Verein und meine

Birgit Fischer wurde 1962 in Brandenburg an der Havel geboren. Durch ihre Eltern kam sie mit sechs Jahren zum Kanurennsport und wurde aufgrund ihrer guten Leistungen 1975 in die Kinder- und Jugendsportschule Brandenburg aufgenommen. Mit 17 gewann sie das erste Mal eine Weltmeisterschaft im Kajak-Vierer; insgesamt war sie über verschiedene Strecken im Einer-, Zweier- und Vierer-Kajak 27 Mal Weltmeisterin. Sie nahm von 1980 bis 2004 an sechs Olympischen Spielen teil; in Los Angeles verhinderte der Boykott der Ostblockstaaten ihren Start. Mit acht Gold- und vier Silbermedaillen ist sie die erfolgreichste deutsche Olympionikin und die zweiterfolgreichste Olympionikin überhaupt. Sie wurde 2004 deutsche Sportlerin des Jahres und 2008 in die Hall of Fame des deutschen Sports aufgenommen.

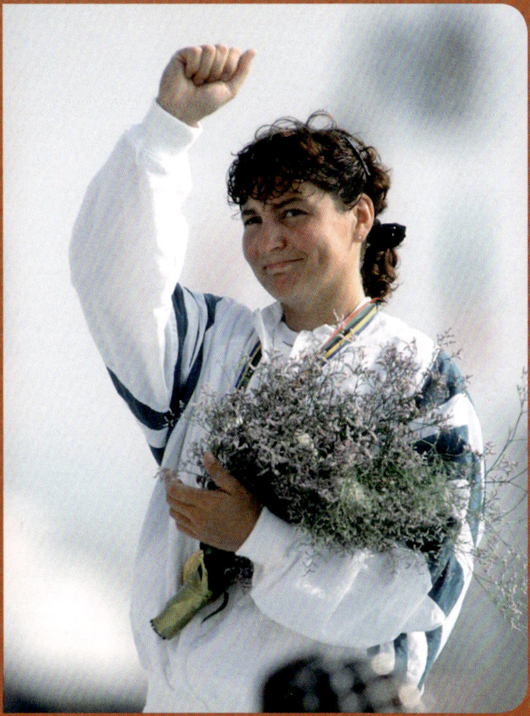

Birgit Fischer lebt in Bollmannsruh am Beetzsee, wo sie ihre eigene Paddel-, Fitness- und Eventschule betreibt. Seit 2006 stellt sie ihre Naturfotos aus und verkauft diese erfolgreich.

2006 erschien ihr Buch „Mein Weg zum Gold. In 303 Tagen zum olympischen Triumph" über ihr Comeback in Athen 2004.

Familie viele Jahre führen konnte. Seit meinem 43. Lebensjahr lebe ich etwas langsamer. Ich nehme mir die Zeit, vieles von dem zu verwirklichen, was damals nicht möglich war. Was mir als Sportlerin nicht gelang, meine Medaillen zu vergolden, gehe ich jetzt an: mit meiner Paddel-, Fitness- und Eventschule, mit Vorträgen und Fotoausstellungen, die ja vor allem wegen meines Namens gut laufen. Sich aber auf dem Namen ausruhen, läuft nicht. Ich arbeite ständig an neuen Konzepten und an mir, denn die Qualität soll stimmen.

Meisterin mit dem Florett

Anja Fichtel

Als sie 1988 bei den Olympischen Spielen in Seoul Gold gewann, hat sich nicht nur ihr Leben verändert, sie hat auch für ihre Heimatstadt und für ihre Sportart Geschichte geschrieben. Mit Anja Fichtels triumphalem Doppelerfolg – Gold im Einzel und Gold in der Mannschaft – blickte die Welt wieder einmal auf die fränkische Kleinstadt Tauberbischofsheim. Und Fechten interessierte auf einmal auch diejenigen, die das Duell mit den Klingen bislang nur mit den „Drei Musketieren" verbanden.

Der Film nach dem Roman von Alexandre Dumas war 1948 in die Kinos gekommen und hatte den Tauberbischofsheimer Friseur Emil Beck so beeindruckt, dass er selbst mit dem Fechtsport begann und 1954 eine Fechtabteilung im örtlichen Turn- und Sportverein gründete, die sich – seit 1967 als eigenständiger Verein – in den 1970er Jahren zur Goldschmiede deutscher Fechter entwickelte: Bei den Olympischen Spielen von Montreal gab es für die Tauberbischofsheimer Fechter zwei Goldmedaillen, eine davon in der Mannschaft, errungen auch durch den heutigen IOC-Präsidenten Thomas Bach.

Anja Fichtel war damals acht Jahre alt und kam wie viele Kinder der Stadt, die Sport treiben wollten, ins Fechtzentrum. Es war der Beginn eines jahrelangen unerbittlichen Trainings, aber auch einer außergewöhnlichen Karriere, die sie zu einer der erfolgreichsten Florett-Fechterinnen weltweit werden ließ: Sie wurde zehnmal Deutsche Meisterin im Einzel, errang ebenso viele Medaillen bei Weltmeisterschaften und weitere vier bei den Olympischen Spielen von Barcelona, Seoul und Atlanta. 2015 wurde sie als erste Vertreterin ihrer Sportart in die Hall of Fame des deutschen Sports aufgenommen.

Der Preis für all diese Erfolge war hoch, zumal Anja Fichtel nicht eine ist, die auf Kommando funktioniert, sondern ihren eigenen Kopf hat und das auch zeigte. Zwistigkeiten mit Cheftrainer Emil Beck, die Enge in der Kleinstadt und die Liebe zu dem österreichischen Fechter Merten Mauritz veranlassten sie 1990, mit 22 Jahren, ihrer Heimat den Rücken zu kehren und nach Wien zu ziehen. Es war ein Befreiungsschlag, aber nicht das Ende ihrer Trainingszeit in Tauberbischofsheim. Regelmäßig fuhr sie alle paar Wochen ins heimische Fechtzentrum und startete bis 1996 weiter erfolgreich für den Deutschen Fechter-Bund, zuletzt bei den Olympischen Spielen von Atlanta, wo sie mit der Mannschaft noch einmal Bronze gewann.

Fichtel blieb 12 Jahre in Wien, bevor sie 2001 wieder in die Heimat zurückkehrte. Der Glanz der einstigen Kaderschmiede Tauberbischofsheim war zu dieser Zeit bereits verblasst. Und auch der ehemaligen Vorzeigeathletin gelang es nicht, die verkrusteten Strukturen des Fechtzentrums aufzubrechen und es zu neuen Erfolgen zu führen. Nachdem sie einige Jahre die Juniorinnen trainiert hat, kann sie heute auch gut ohne Florett leben.

Welche Erinnerung verbinden Sie mit den 80er Jahren?

Also die 80er Jahre, die waren bombastisch. Der Sport hat ja einen riesigen Stellenwert gehabt in Deutschland, und deutsche Sportler in der Welt, viel mehr als heute. Zu dieser Zeit im Sport erfolgreich zu sein, war schon ganz toll.

Durch Sie und Ihre Mannschaftskameradinnen Sabine Bau und Zita Funkenhauser ist Fechten damals weit über Tauberbischofsheim populär geworden. Wie sind Sie zum Fechten gekommen?

In Tauberbischofsheim gab es damals Fußball, und es gab ein großes Fechtzentrum in der Stadt – das war alles. Und Emil Beck, der Gründer des Fechtzentrums, war eine sehr dominante Person und hat auch viele Eltern überzeugt, dass sie ihre Kinder zum Fechten schicken, weil er sich um alles gekümmert hat, um die Schule und die Ausbildung, darum, dass das Kind einen guten Weg ging.

Außerdem hatten damals gerade die Olympischen Spiele 1976 stattgefunden, bei denen Alexander Pusch, mein späterer Trainer, Olympiasieger geworden ist. Und als die Fechter zurückkamen, gab es einen riesigen Corso durch die Stadt. Da standen vielleicht 20.000 Leute an der Straße, und ich als kleines Mädchen war natürlich auch dabei und dachte mir: „Wenn der das kann, dann kann ich das auch." So naiv ist man als Kind, aber ich glaube, durch diese Naivität bin ich auch erfolgreich geworden. Diese Unbekümmertheit hat mich zum Erfolg getragen.

Wie muss man sich Ihre Kindheit und Jugend vorstellen?

Das ganze Leben hat sich jahrelang nur ums Fechten gedreht. Wir haben etwa fünfmal die Woche trainiert, aber wir waren ja keine Profis. Ich habe die Schule gemacht, dann meine Ausbildung bei der Stadt. Die einzig freie Zeit war in den Sommerferien, als man wirklich drei, vier Wochen frei hatte. Da konnte man endlich mal ins Schwimmbad gehen, sich mit Freunden treffen oder einfach nur fernsehen. Und am Ende der Ferien wollte ich nie wieder ins Fechtzentrum gehen. Aber dann habe ich doch weitergemacht.

Worauf kommt es beim Fechten an?

Man braucht eine gewisse Grundschnelligkeit, aber man darf auch nicht zu schnell sein. Ich war zum Beispiel in der Schule immer am Startblock die Schnellste, aber auf den 50 Metern war ich die Letzte. Man braucht ein sehr gutes Körpergefühl, Gefühl für den Abstand vom Gegner und die Intuition zu wissen, was der Gegner macht. Das heißt, man muss sich komplett auf den Gegner einlassen.

Und was braucht man, um an der Spitze zu sein?

Eine enorme Nervenstärke. Man darf nie den Kopf verlieren und muss den Glauben an sich haben, auch wenn kein Mensch mehr an dich glaubt. Man muss daran glauben, dass man, egal wie der Stand ist, das Ergebnis noch herumreißen kann. Bei meiner ersten Weltmeisterschaft lag ich bei acht Treffern 7:1 hinten. Aber ich hatte diesen unbändigen Willen zu gewinnen. Das ist es, glaube ich, was mich so stark gemacht hat. Dadurch werden Kräfte frei, und das spürt dann auch der Gegner.

Da ist viel Psychologie im Spiel.

Nur, ja. Vom Können sind ja alle gut. In der Weltklasse wird 95 % über den Kopf entschieden. Das merkst du schon, wenn

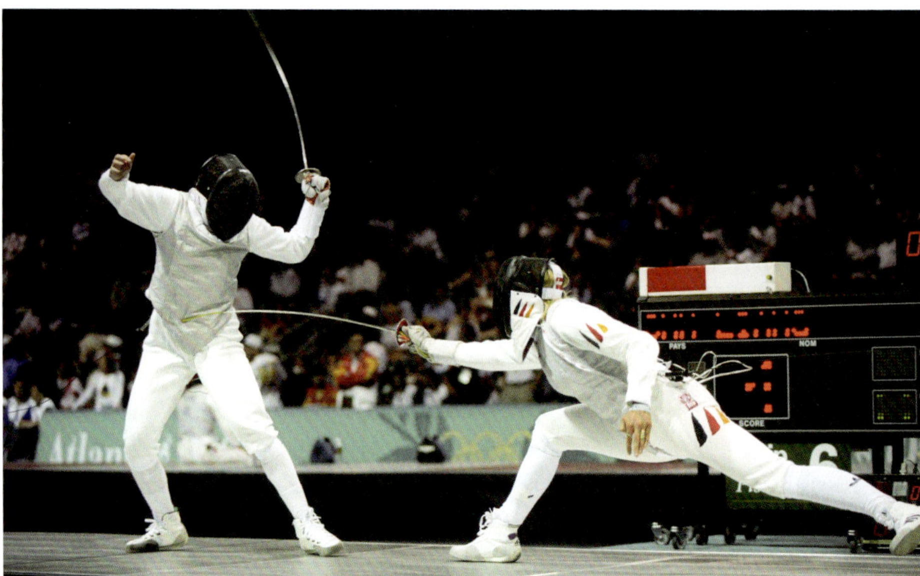

Nach ihrem Doppelerfolg bei den Olympischen Spielen von Seoul errang Anja Fichtel 1996 in Atlanta mit der Mannschaft Bronze.

du auf die Bahn gehst und den Gegner ansiehst. Du siehst ihm in die Augen und spürst, ob er Angst vor dir hat, oder ob er viel vorhat. Als ich meinen ersten Weltmeistertitel gewonnen habe und als ich Olympiasiegerin geworden bin, an diesen Tagen wusste ich am Morgen schon, dass ich gewinnen werde. Ich habe das nie zu anderen gesagt, aber ich war mir sicher: Ich werde Weltmeisterin. Ich hatte das einfach so in mir.

Sie wurden mit 15 Jahren Jugend-Weltmeisterin und haben mit 17 mit der Mannschaft die Weltmeisterschaft in Barcelona gewonnen – als jüngste Fechtweltmeisterin aller Zeiten.

Wenn man so jung ist und so früh Erfolg hat, dann ist man noch gar nicht gefestigt als Mensch. Du bist 16, 17 Jahre alt, kannst gut fechten, bist international erfolgreich, aber im Endeffekt bist du ja noch ein junges Ding. Ich wollte zwar erfolgreich sein, aber trotzdem ein ganz normaler Mensch, und die Chance ist einem fast genommen worden. Ich habe mich oft wie eine Marionette gefühlt, die fürs Fechtzentrum gut ist, aber im Endeffekt muss man ja von seinem eigenen Gefühl her sagen, ob etwas richtig oder falsch ist. Und da hat es angefangen, dass ich mich ein bisschen aufgebäumt habe.

Ich bin 1990 auch aus Tauberbischofsheim weggegangen, weil mich das hier einfach erdrückt hat. Das ist etwas, was mich der Sport gelehrt hat: Wenn meine Intuition sagt, etwas ist nicht richtig, dann kann ich mich noch eine Weile im Kopf überlisten, aber in mir drin wird der Unmut immer größer, und dann muss ich meinen Weg gehen, nicht im Groll, aber um eine Veränderung herbeizuführen.

Was hat Ihnen der Sport außerdem für Ihr Leben gebracht?

Es gab phänomenale Glücksgefühle. Es gab Tage, da war das überhaupt nicht mit Anstrengung verbunden, da hätte ich die Augen zumachen können auf der Bahn, und es wäre gelaufen. Und dieses Gefühl gibt einem so eine Befriedigung, dass man weiß, es hat sich gelohnt.

Aber bei keinem Menschen läuft das Leben immer nur gut. Man fällt öfter mal, und als Sportler ist man es einfach gewohnt, wieder aufzustehen und wieder positiv ans Leben 'ranzugehen. Es gibt Momente, an denen man entweder zerbrechen kann oder man wächst an ihnen. Ich glaube, in meinem Naturell liegt das daran Wachsen. Und ich wäre nicht so wie ich bin, wenn ich das nicht alles erlebt hätte.

Durch Ihren Triumph bei den Olympischen Spielen in Seoul 1988 ist Tauber-

bischofsheim als Fecht-Mekka in die Geschichte eingegangen. Wie haben Sie diese Spiele in Erinnerung?

Also die Olympiavorbereitung war grausam ... was ich da geweint habe, was wir da gescheucht worden sind. Wir waren im Trainingslager in Portugal und mussten in der Hitze laufen. Und das konnte ich einfach nicht. Und dann hat Emil Beck gesagt: „Mädchen, wenn du oben auf dem Treppchen stehst, dann wirst du wissen warum." Das sind Worte, die man nicht vergisst, und Erfahrungen, die einem auch fürs Leben helfen.

In Seoul standen Sie zweimal ganz oben auf dem Treppchen. Sie haben zuerst im Einzel Gold gewonnen, gefolgt von Sabine Bau und Zita Funkenhauser, und dann noch mit der Mannschaft. Sie haben also einerseits gegeneinander, andererseits füreinander gefochten. Wie ist das gelungen?

Wir hatten mit Paul Neckermann einen sehr guten Bundestrainer, der uns alle drei gleich behandelt hat, was ganz wichtig war. Wir waren ja dafür bekannt, dass wir uns gerne die Augen auskratzen, drei Mädels, die alle die Möglichkeit hatten, Gold zu gewinnen. Wir waren Konkurrentinnen, aber das hat uns letztlich so erfolgreich gemacht. Wir hatten ja die Konkurrenz im eigenen Stall, und wenn man jeden Tag gegen so gute Gegnerinnen kämpft, hat man jeden Tag ein Weltklasse-Training. Wo gibt es so etwas sonst? Und ich glaube, wir waren alle so heiß, noch eine Goldmedaille zu gewinnen, dass wir alle Zwistigkeiten beiseiteschieben konnten und es wirklich nur um die Sache ging.

Bei den nächsten Olympischen Spielen in Barcelona haben Sie mit der Mannschaft Silber gewonnen – nicht mal zwei Monate nach der Geburt Ihres ersten Sohnes. Das muss ein ziemlicher Spagat gewesen sein.

Während der Schwangerschaft hatte ich diese Unbekümmertheit nach dem Motto: „Ich krieg' das Kind, was soll denn schiefgehen? Das mache ich mal so nebenbei." Und ich hatte auch mit meiner Familie einen riesigen Rückhalt. In Barcelona hat meine Unbekümmertheit dann aber zum ersten Mal Risse bekommen. Ich hatte so ein schlechtes Gewissen, weil mein Kind daheim war und ich mir in den Kopf gesetzt hatte, bei den Olympischen Spielen zu fechten. Hätte ich alleine entscheiden können, hätte ich damals schon gesagt: „Ich höre auf, weil ich so an diesem Kind hänge und eigentlich zu Hause bleiben will." Aber dann hieß es: „Du bist doch erst am Anfang deiner Karriere, und – das Totschlag-Argument – du kannst nichts so gut wie fechten", und ich habe noch ein paar Jahre weitergemacht. Aber

Anja Fichtel wurde 1968 in Tauberbischofsheim geboren. Mit acht Jahren begann sie beim Fecht-Club Tauberbischofsheim mit dem Florettfechten, mit 17 wurde sie jüngste Fechtweltmeisterin aller Zeiten. Bei sieben Weltmeisterschaften und drei Olympischen Spielen gewann sie insgesamt 14 Medaillen und ist damit eine der erfolgreichsten Fechterinnen weltweit. Bekannt wurde sie vor allem durch ihre Siege im Einzel und in der Mannschaft bei den Olympischen Spielen von Seoul 1988. 2015 wurde sie in die Hall of Fame des deutschen Sports aufgenommen.

Anja Fichtel lebt mit ihrer Familie in Tauberbischofsheim.

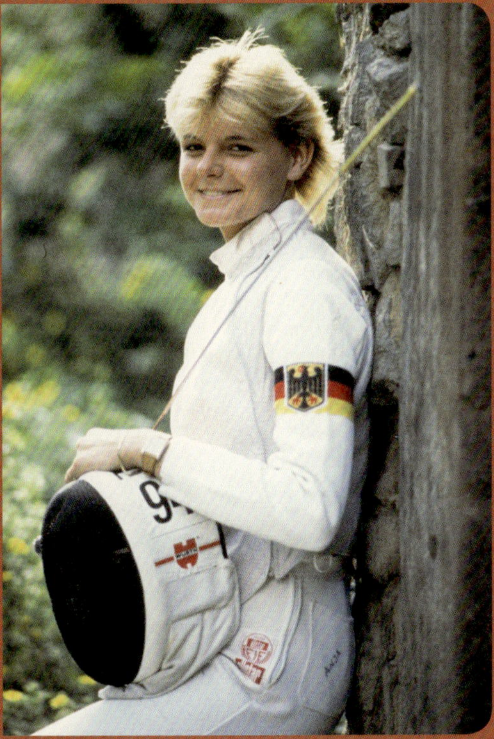

ich war innerlich zerrissen. Das war eine riesige psychische Belastung

Mit der Geburt Ihres zweiten Kindes haben Sie sich dann zum Rücktritt entschlossen. Wie ist es Ihnen mit dieser Entscheidung gegangen?

Ich war immer so sehr an meine Grenzen gegangen, dass ich wusste: Ich will nicht mehr. Mein Kopf will nicht mehr, mein Körper, meine Seele wollen nicht mehr. Das war wieder diese Intuition.

Die Entscheidung selbst ist mir also nicht schwer gefallen, aber die Umsetzung in ein normales Leben war eine Herausforderung. Du musst auf einmal ohne Adrenalin leben, ohne Wettkämpfe, ohne das Gefühl, dass du dich permanent auf Leistungssport-Niveau bewegen musst, weil du sonst kein Mensch bist –

das ist alles eine anerzogene Sucht. Das banale Leben, das kannte ich ja nicht. Man fragt sich: „Wo ist das Highlight vom Tag? Oder das vom Wochenende? Was ist mein nächstes Ziel?“ Du hast als Sportler immer das Gefühl, du bist nur etwas wert, wenn du etwas geleistet hast. Und nach einem solchen Cut fühlst du dich erst einmal schlecht, weil du gar nicht weißt, über was du dich definierst.

Wie haben Sie diesen Konflikt für sich gelöst?

Ich habe viele Bücher damals gelesen, vor allem von Anselm Grün, und auch mit Hilfe meines zweiten Mannes verstanden, dass man einfach mal sein darf, ohne etwas zu leisten, dass man einfach mal den Tag genießen darf. Heute liebe ich mein Leben gerade so, wie es eben ist.

Grenzgängerinnen

Manchmal ist der gewohnte Radius zu klein, um hoch gesteckte Ziele zu erreichen. So ging es den Frauen in diesem Kapitel. Angetrieben von der Sehnsucht, aus der Enge ihrer Umgebung hinauszukommen, auf der Suche nach Möglichkeiten, sich mit anderen zu messen, überwanden sie Grenzen von Ländern und Kontinenten und wählten auch in der Art ihrer Reise ungewöhnliche Mittel. Mit Fesselballon, Segelyacht oder Fahrrad machten sie sich auf den Weg zu neuen Herausforderungen und haben damit auch so manche Grenze in den Köpfen verschoben.

Mit dem Fahrrad um die Welt

Annie Londonderry

Alles begann mit einer Wette. So zumindest erklärte die junge Amerikanerin Anna Kopchovsky am 25. Juni 1894 vor dem Parlamentsgebäude in Boston rund 500 Schaulustigen, Freunden und Frauenrechtlerinnen ihren Plan, in 15 Monaten mit dem Fahrrad um die Welt zu fahren. Ausgerüstet nur mit einer Pistole und Wechselwäsche, war die Abenteurerin verpflichtet, alle Kosten dieser Reise selbst zu verdienen und obendrein weitere 5.000 Dollar, wenn sie die Wette gewinnen wollte.

Eine Wette typisch für die damalige Zeit, die Gefallen an Aufsehen erregenden Geschichten aus fernen Kontinenten fand und stets Wagemutige ermunterte, die für Geld und Ruhm bereit waren, als Helden darin mitzuspielen. Wie viele andere liest sich Annas Geschichte wie eine Neuauflage der Reise von Phileas Fogg aus Jules Vernes 20 Jahre zuvor erschienenem Roman „In 80 Tagen um die Welt", aber sie ist auch ein eindrucksvolles Beispiel dafür, wie Frauen an der Wende vom 19. zum 20. Jahrhundert das Fahrrad auf ihrem Weg zu Freiheit und Gleichberechtigung nutzten.

Im Laufe ihrer Reise erzählte Anna ihre Erlebnisse Zeitungsreportern in aller Welt in immer neuen Versionen, viele der Berichte sind widersprüchlich, etliche erfunden, und selbst, ob es die von ihr behauptete Wette je gegeben hat, ist unklar. Sicher aber ist, dass sie eine brillante Selbstdarstellerin war und ein Profi der Eigenvermarktung.

Das beweist sie gleich zu Beginn ihrer Tour. Sie schließt einen Werbevertrag mit der Londonderry Lithia Spring Water Company, wirbt mit einem Plakat an ihrem Rad für deren Mineralwasser und nennt sich fortan Annie Londonderry. Es ist der Auftakt für zahlreiche weitere Werbeaktionen, die sie mehr und mehr zu einer lebenden Plakatwand werden lassen.

Annie war mit Ausnahme von zwei Übungsstunden nie zuvor in ihrem Leben Fahrrad gefahren, und sie ist für ihr Vorhaben denkbar schlecht ausgestattet: mit langem viktorianischem Rock, geschlossener Bluse und einem gut 20 Kilogramm schweren Damenrad macht sie sich auf den Weg zu ihrer ersten Etappe in Richtung New York. Eine detaillierte Streckenbeschreibung findet sie in einer Broschüre der amerikanischen Fahrrad-Liga, die – ähnlich wie heutige Radwanderführer – Entfernungen, Höhenmeter, Straßenbeschaffenheit und sogar Übernachtungsmöglichkeiten angibt. Aber sie kommt nur langsam voran, und als sie am 2. Juli New York erreicht, hat sie es nicht eilig mit der Weiterfahrt. Sie bleibt fast einen Monat, den sie nutzt, um sich passendere Kleidung für ihr Vorhaben zu besorgen: Sie legt ihr Korsett ab und trägt nun ballonartige, an den Knöcheln zusammengefasste Hosen, sogenannte Bloomers, mit einem Rock darüber.

Dennoch bleibt die Weiterfahrt beschwerlich. Allzu oft sind die Straßen schlecht, und sie weicht auf den Weg entlang der Eisenbahnschienen aus. Sie weisen ihr zwar die Orientierung, bergen aber die Gefahr plötzlich herankommender Züge, denen sie, wie sie berichtet, oft nur knapp ausweichen kann. Die Kosten für Übernachtung und Verpflegung verdient sie sich durch Vorträge über ihre Reise, Autogramme und den Verkauf von Postkarten, die sie mit ihrem Fahrrad zeigen. Immer wieder arbeitet sie auch für Fahrradhändler, die sich durch ihre Bekanntheit eine Steigerung des Umsatzes erhoffen.

Als sie am 27. September an ihrem ersten großen Ziel, Chicago, eintrifft, ist sie bereits gut drei Monate unterwegs. Das Leben auf der Straße, Übernachtungen in Scheunen oder unter Brücken, Hitze, Regen und ihr schweres Fahrrad haben ihr zugesetzt, und sie hat bisher nicht mal ein Drittel der Strecke durch die USA geschafft. Schlimmer noch, sie erkennt, dass es ein schwerer Fehler war, ihre Weltumrundung in Richtung Westen zu beginnen: Wenn sie in dem bisherigen Tempo weiterfahren würde, würde sie unweigerlich im Winter durch die Rocky Mountains kommen, sie zu umfahren würde sie gut weitere 1.500 Kilometer zusätzlich kosten. Es bleibt nur eine Lösung: die Strecke wieder zurück nach New York zu fahren, und von dort aus mit dem Schiff nach Europa.

Es ist typisch für Annie, dass sie mit solchen Widrigkeiten genauso unbekümmert umgeht wie mit ihrer Darstellung gegenüber der Presse. Die Bedingungen der vermeintlichen Wette verändert sie, je nachdem wie es die Situation erfordert, was ihrer Publicity jedoch keinen Abbruch tut. Im Gegenteil: Sie ist durch Berichte in verschiedenen Zeitungen inzwischen berühmt geworden und findet in Chicago mit der Sterling Cycle Company einen neuen Sponsor, der ihr ein geeigneteres Fahrrad zur Verfügung stellt: ein solide gearbeitetes Herrenrad, das nur die Hälfte ihres alten Fahrrads wiegt. Sie verzichtet nun ganz auf den Rock und trägt stattdessen knielange Bloomers, die sie später gegen richtige Männerhosen tauscht. Mit dem neuen Fahrrad und der zweckmäßigeren Kleidung kommt sie schneller voran, außerdem fährt sie ein gutes Stück der Strecke mit dem Zug und erreicht so Mitte November New York. Es ist nicht das letzte Mal, dass Annie die Wahl der Transportmittel bei ihrer Radtour um die Welt nach Belieben gestaltet. Tatsächlich dürfte die Etappe durch die USA die längste gewesen sein, die sie nur mit dem Fahrrad zurückgelegt hat. Zeitungsreportern erzählt sie später, dass die Wette es ihr erlaube, bei schlechten Straßenverhältnissen eine bestimmte Anzahl von Meilen mit dem Zug zurückzulegen.

Nach der Atlantiküberquerung setzt sie ihre Reise in Le Havre fort. Ihre Ankunft dort gestaltet sich jedoch schwierig. Weil die Wette es ihr nicht erlaube Französisch zu sprechen, kann sie sich nicht verständigen, ihr Rad wird beschlagnahmt, und sie fährt die erste Etappe bis Paris mit dem Zug. Die pulsierende Metropole mit ihrer Begeisterung für alles Extravagante und Unkonventionelle aber wird für Annie

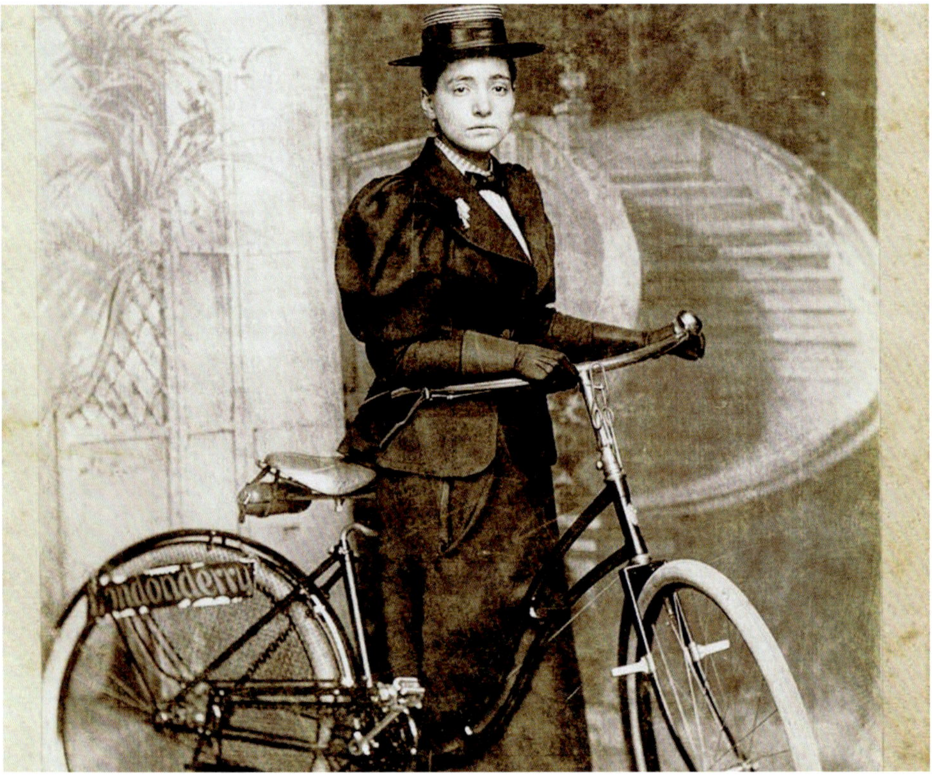

Gesponsert von der Londonderry Lithia Spring Water Company startete Annie Londonderry 1894 von Boston aus ihre Fahrradtour um die Welt.

zur perfekten Bühne. Sie hält Vorträge in Englisch, die sie durch „Vive la France"-Rufe unterbricht, und die Menge jubelt ihr zu. „Ich fand heraus, was sie wollten und gab ihnen reichlich davon" – dieses Prinzip funktionierte nirgendwo so gut wie in Frankreich. Wie bereits in Amerika informiert sie Journalisten per Telegramm immer einige Tage im Voraus über ihre Ankunft, die überdies von den örtlichen Fahrradclubs gefeiert wird.

Annie hatte nicht nur mit der Wette der Weltumrundung, sondern auch mit der Idee, diese mit dem Fahrrad zu bewerkstelligen, den Nerv der Zeit getroffen. Fahrradfahren erlebte an der Wende zum 20. Jahrhundert einen enormen Boom, es gab Zeitschriften, Vereine und Messen, die sich der neuen Mode widmeten. Die Zahl ihrer Fans wächst auf der Weiterreise in den Süden Frankreichs kontinuierlich. Genauso wie Vielfalt und Einfallsreichtum ihrer Geschichten, in denen sie sich wahlweise als Medizinstudentin, Waise oder reiche Erbin ausgibt. Einen Unfall, der sie zwingt mit nur einem Bein zu treten, verkauft sie Journalisten später als Überfall von Straßenräubern, denen sie nur mithilfe ihrer Pistole entkommen konnte. Annie wird zur Personifikation eines modernen mutigen Frauenbildes, und in Marseille, wo sie Mitte Januar 1895 ankommt, ist ihre Anhängerschaft so gewachsen, dass die Zeitung Termine angibt, an denen sie Audienzen hält. Als sie am 20. Januar das Schiff nach Afrika besteigt, winken ihr Tausende zum Abschied zu.

In den kommenden Monaten besucht sie Alexandria, Port Said und möglicherweise Jerusalem, sie ist in Colombo, Singapur und Saigon, reist über Hongkong und Shanghai weiter nach Port Arthur, Nagasaki und Yokohama. Es sind die Häfen, in denen das Schiff anlegt, eine beeindruckende Reise ans andere Ende der Welt, die aber mit einer Radtour um die Erde nur noch wenig zu tun hat. Stattdessen werden ihre Geschichten immer abenteuerlicher. Sie berichtet davon, dass sie in Sibirien Gefangene bei der harten Arbeit in den Minen besucht und in Indien zusammen mit einem deutschen Adeligen Tiger gejagt hat, wie sie in Japan unter dramatischen Umständen ins Gefängnis gekommen ist und sich im Japanisch-Chinesischen Krieg in vorderster Front als Kriegsberichterstatterin behauptet hat.

Als sie Anfang März 1895 die Heimreise in die USA antritt, hat sie genügend Stoff zusammen, um sich die letzte Etappe ihrer Fahrt durch Diavorträge zu verdienen. Sie ist jetzt in der ganzen Welt bekannt, ein Sinnbild für die moderne emanzipierte Frau. Aber neben vielen bewundernden Kommentaren erscheinen inzwischen auch erste kritische Artikel über die Glaubwürdigkeit ihrer Berichte und die Seriosität ihres Unterfangens.

Am 23. März erreicht Annie Londonderry mit dem Dampfer San Francisco. Noch liegen rund 5.000 Kilometer vor ihr, die sie zunächst entlang der mexikanischen Grenze und weiter über Colorado, Nebraska und Iowa bis nach Chicago zurücklegt. Anders als in Asien fährt sie nun wieder lange Strecken mit dem Fahrrad, auf denen sie teilweise von anderen Radfahrern begleitet wird. Sie passiert die kalifornische Wüste und das „Tal des Todes" in New Mexico, kommt nach monsunartigen Regenfällen oft völlig durchnässt und verschmutzt am Ziel an und erleidet schlimme Unfälle. Das alles hält sie nicht davon ab, publikumswirksame Vorträge über ihre Reiseerlebnisse zu halten und diese in dramatischen Worten Reportern gegenüber auszumalen. Einen ihrer größten Auftritte hat sie in El Paso, wo ihr ein begeisterter Empfang bereitet wird, über den die örtlichen Zeitungen enthusiastisch berichten. Ihr zu Ehren werden Radrennen veranstaltet, bei denen sie ihre männlichen Konkurrenten angeblich mühelos abhängt, und sie ist als Werbeträgerin derart begehrt, dass sie „ihren Körper und ihr Fahrrad komplett mit Anzeigen bedecken kann". Der „Wilde Westen" feiert sie als moderne Heldin.

Ihre Ankunft in Chicago am 12. September gestaltet sich demgegenüber bescheiden, es gibt weder Berichte in den örtlichen Zeitungen noch öffentliche Paraden, allerdings eine herzliche Begrüßung durch andere Fahrradfahrer und den Sterling Cycle Club. Von der Firma Sterling erhält sie auch ein neues Fahrrad für die letzte Etappe nach Boston, wo sie auf den Tag genau 15 Monate nach ihrer Abreise am 24. September eintrifft. Noch einmal macht sie weltweit Schlagzeilen und veröffentlicht unter Pseudonym einen ausführlichen Bericht über ihre Weltumrundung in der von Joseph Pulitzer herausgegebenen „New York Sunday World". Er schließt mit den Worten: „Ich bin 9.604 Meilen [ca. 15.000 km] mit dem Fahrrad gefahren, zusammen mit der Ozeanpassage und der Strecke, die ich gelaufen bin, ergibt das 26.000 Meilen, die ich in 14 ½ Monaten zurückgelegt habe."

So seltsam dieser Artikel heutigen Lesern in seiner Unglaubwürdigkeit und maßlosen Übertreibung erscheinen mag, so sehr entsprach er der Sensationslust der damaligen Zeit. Letztlich aber ist nicht entscheidend, wie viele Kilometer Annie tatsächlich mit dem Fahrrad gefahren ist, und auch nicht, wie viele ihrer abenteuerlichen Geschichten der Wahrheit entsprechen, sondern dass diese junge Frau für eineinhalb Jahre mit Hilfe des Fahrrads das ihr zugedachte klassische Rollenbild verlassen hat und durch eine Weltreise ihren Weg der

Emanzipation gegangen ist. Oder, um es in Annies Worten zu sagen: „Ich bin eine neue Frau, wenn das bedeutet, dass ich glaube alles tun zu können, was ein Mann kann."

Anna Kopchovsky wurde 1870 oder 1871 in Lettland geboren und kam als Kind mit ihren Eltern in die USA. 1888 heiratete sie und war bereits dreifache Mutter, als sie ihre Radtour begann – einen Umstand, den sie allerdings während ihrer Reise nur selten erwähnte. Auch dass sie vorher als Anzeigenverkäuferin gearbeitet hatte, was ihr Talent, ihre Reise zu vermarkten und publikumswirksam in die Presse zu bringen, erklärt, verschwieg sie meistens.

Nach ihrer Rückkehr arbeitete sie noch eine Weile als Reporterin. Ihre eigene Geschichte geriet jedoch bald in Vergessenheit und wurde nicht einmal in ihrer Familie überliefert. Sie starb 1947 in New York, ohne dass ihre Weltumrundung noch einmal öffentlich erwähnt wurde. Erst ihr Urgroßneffe stieß 100 Jahre nach ihrer Weltreise auf ihre erstaunlichen Erlebnisse und machte sie nach jahrelangen Recherchen in einer Biografie der Annie Londonderry wieder einer größeren Öffentlichkeit bekannt.

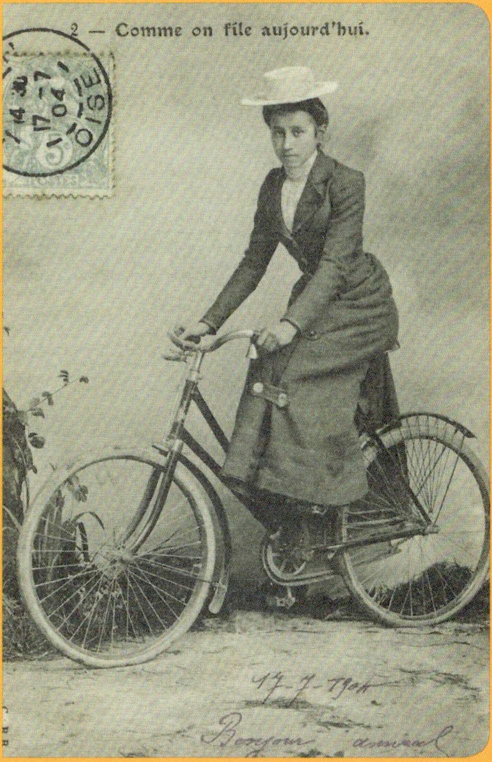

Heldin der Belle Epoque

Marie Marvingt

Es ist schwer zu sagen, in welcher Sportart Marie Marvingt ihre größten Erfolge feierte. Sie fuhr Ski-, Bob- und Schlittenrennen, nahm als Schwimmerin an verschiedenen Wettbewerben wie der 11 km langen Traversée de Paris teil und wurde 1900 mit 25 Jahren französische Meisterin im Schießen. Acht Jahre später legte sie mit dem Fahrrad die fast 4.500 km lange Strecke der Tour de France zurück, bei der sie einen Platz im vorderen Drittel erreicht hätte, wenn sie die Strecke nicht wegen des Verbots der Teilnahme von Frauen außerhalb des offiziellen Feldes hätte fahren müssen. Außerdem bestieg sie die meisten Gipfel der französischen und Schweizer Alpen. Marie Marvingt war ein sportliches Multitalent und erhielt 1910 als bisher einziger Mensch von der französischen Académie des Sports eine Medaille für alle Sportarten. Eine Anerkennung ihrer herausragenden sportlichen Leistungen von höchster Stelle, der zahlreiche Artikel in den Magazinen der damaligen Zeit, oft illustriert mit Fotografien ihrer Erfolge, entsprechen. Sie feiern Marie Marvingt als die „außergewöhnlichste Frau seit Jeanne d'Arc", als „Fräulein ohne Angst", als Rekord-Frau.

Marie Marvingt, diese junge Frau aus der französischen Provinz, war eine Heldin der Belle Epoque und doch so ganz anders als die schillernden Frauengestalten jener Zeit. Während diese durch modisches Auftreten den schönen Schein feierten, machte sie allein durch ihre sportlichen Erfolge von sich reden und trug auf diese Weise zu einem neuen Frauenbild bei. Mode interessierte sie vor allem hinsichtlich ihrer Tauglichkeit für ihre sportlichen Aktivitäten, und in verschiedenen Zeitungsartikeln hat sie, entgegen der damals üblichen Kleidung für Frauen, für das Tragen von Hosen beim Sport plädiert.

Ihre Leidenschaft für alle Arten von körperlicher Ertüchtigung hatte Marie von ihrem Vater mitbekommen, der seine Sportbegeisterung nach dem frühen Tod ihrer drei älteren Brüder auf sie konzentrierte und als Direktor der örtlichen Post auch über Zeit und Mittel dazu verfügte. Derart gefördert und talentiert nutzte sie den Sport für sich aber auch als Möglichkeit, die Frauen vorgegebenen Grenzen zu überwinden. Die Emanzipation, für die ihre Zeitgenossinnen kämpften, scheint für sie eine natürliche Folge ihrer zahlreichen Aktivitäten gewesen zu sein, indem sie selbstbewusst in den Gazetten über ihre außergewöhnlichen Leistungen berichtete und sich in Sportarten vorwagte, die zu ihrer Zeit Männern vorbehalten waren.

Zu den Disziplinen zu Wasser und zu Land kamen solche in der Luft, als sie unmittelbar nach der Jahrhundertwende das Fliegen für sich entdeckte. Zunächst im Ballon, der sich in dieser Zeit immer noch

Eine Sturmfahrt im Ballon über die Nordsee während der Nacht

... Unser Flug geht nach Westen weiter; der Ballon ist wieder prall geworden, und so habe ich seit der Küste wenig Ballast gebraucht. Aber ach! Gegen 9 Uhr über der offenen See ändert sich alles. Die Temperatur sinkt plötzlich; ich stelle fest, dass sich das Glas des Barometers mit einem Male mit Eis bedeckt hat. Die Feuchtigkeit an den Korbleinen ist schon gefroren. Als ich nach den Füllansatzleinen sehe, bemerke ich, dass der Ballonstoff auch hart wird. Trotz unserer Pelze frieren wir sehr; ich zittere so stark, dass Herr Garnier glaubt, wir führen am Schleppseil, und wir sind doch 1.600 m hoch. Da, ganz langsam, wie mitten im Winter, beginnt es zu schneien. In dem Scheine der elektrischen Lampe sehe ich selbst einige Eisnadeln in der Luft, bestimmte Vorzeichen des Sturmes. Bald sind unsere Pelze weiß geworden, und der Ballon fällt sehr schnell aus seiner Höhe von 1.600 m. Ein Sack Ballast genügt nicht, um diesen Fall zu hemmen; mit Schnee überlastet, nähern wir uns dem Meere bis auf ungefähr 20 m und fahren am Schleppseil. Aber diesesmal dringen die ungeheuren Wellen in den Korb ein, und das Schleppseil verursacht ein starkes Schlingern. Werden wir schon mit den Fluten Fühlung nehmen? Ich werfe nochmals Ballast aus, und wir steigen wieder auf 1.700 m. Es schneit fortgesetzt, und das Statoskop zeigt sofort wieder einen neuen Fall an, und bald fällt unser Schleppseil wieder mit einem rauhen Ton in das Meer.

Die weißen Flocken tanzen immerfort, und wir malen uns den nahen Augenblick aus, wo unser Ballast verbraucht sein wird. Der Sturm hält an, ich leere den letzten Sack, die Nadel des Statoskops dreht sich langsam nach rechts, diejenige des Barometers bleibt bei 2.200 stehen, es ist 10 Uhr. Auf unserer höchsten Höhe, am Ende des Ballastes angelangt, denke ich daran, den Korb für das Treiben auf dem Wasser vorzubereiten. Ich nehme die Planen aus ihrem Netz, die, wenn sie nass wurden, uns aus dem Gleichgewicht bringen würden. Ich kneble den Anker und das Ankertau los. Wir fallen von unseren 2.400 m mit einer schwindelnden Geschwindigkeit herunter; ich werfe die Planen über Bord, aber wir steigen wieder nur wenig. Ein strömender Regen folgt auf den Schnee; wir sind ganz durchnässt. Noch immer kein Licht, nur einige entfernte Blitze, welche die Gefahr erhöhen, erleuchten den Horizont.

Plötzlich erschüttert ein sehr heftiger Stoß den Korb, wir fahren wieder am Schleppseil und sind sehr tief; nur einige Meter von uns braust und schäumt das Meer, und lauert uns auf. Der Sturm ist prachtvoll, das großartige Schauspiel der entfesselten Elemente erfüllt uns mit Bewunderung und erschreckt uns nicht. Inzwischen sind alle unsere Gerätschaften vom Meer verschlungen, nur der Anker bleibt uns noch. Unsere 5 Sack Ballast, welche ausreichend gewesen wären, wenn es nicht geschneit hätte, haben nur 2 1/4 Stunden vorgehalten, und wir befinden uns noch immer in der Einsamkeit des Meeres. Der Beiname „Braut der Gefahr", den mir hübscherweise ein alter Freund beigelegt hat, kommt mir in Erinnerung. Welcher von uns beiden wird Sieger bleiben? Manchmal habe ich diesen Bräutigam ebenso nahe gesehen, und ich verliere das Vertrauen nicht.

Auszug aus dem Bericht Marie Marvingts über ihre Ballonfahrt über die Nordsee in: Deutsche Zeitschrift für Luftschiffahrt, 1910, S. 14

großer Beliebtheit erfreute, bald darauf im Flugzeug, und es versteht sich fast von selbst, dass sie auch hier den sportlichen Wettbewerb suchte. Waren die weiblichen Ballonfahrerinnen 100 Jahre zuvor noch als Minerva kostümiert und Arien singend in der Montgolfière in den Himmel gestiegen, so ging es Marie Marvingt darum, Rekorde aufzustellen. Dabei scheute sie kein Risiko, wie eine Fotografie aus dem Jahr 1910 beweist, die sie in 500 Metern Höhe auf dem Rand des Ballonkorbes stehend zeigt, um den Ballon in die richtige Richtung zu lenken. Noch mehr Aufsehen erregte ihre Ballonfahrt über die Nordsee nach England im Jahr zuvor, die sie in mehreren Zeitungen ausführlich beschrieben hat (s. den Textauszug S. 105). Mit der L'Etoile Filante, ihrem „Sternschnuppe" genannten Ballon, war sie am 26. Oktober 1909 mit einem männlichen Begleiter in Nancy gestartet, über Luxemburg bis nach Holland geflogen, als plötzlich Ostwind aufkam. Spontan entschied sie,

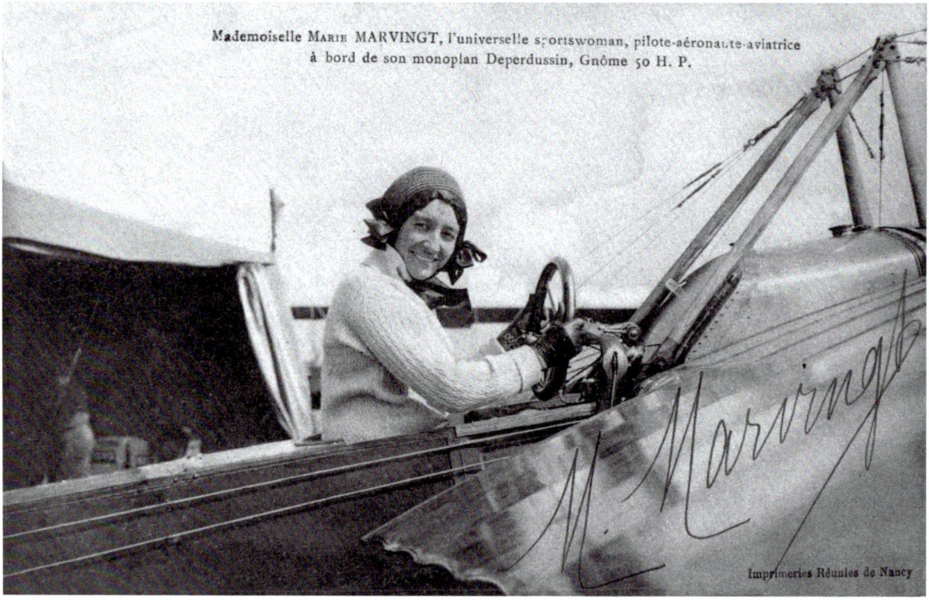

Marie Marvingt gehörte zu den Pionierinnen der Luftfahrt und war auch in zahlreichen anderen Disziplinen erfolgreich. Als einziger Mensch erhielt sie von der französischen Académie des Sports eine Medaille für alle Sportarten.

nicht zu landen, sondern stattdessen in einem nächtlichen Flug über die Nordsee auf England zuzusteuern. Dieses an sich schon gewagte Vorhaben entwickelte sich zu einem Abenteuer mit ungewissem Ausgang, als sie in einen gewaltigen Schneesturm geriet, der sie zwang, bereits nach etwas mehr als zwei Stunden allen Ballast abzuwerfen. Während der Fahrt über die stürmische Nordsee setzte der Korb immer wieder auf den Wellen auf und die beiden Passagiere waren vollkommen durchnässt, als sie nach fast 15 Stunden, wie durch ein Wunder unverletzt, an der Küste von Southwold in der Grafschaft Suffolk an Land geschleudert wurden.

Es scheint, dass waghalsige Unternehmungen und riskante Manöver Marie Marvingt magisch angezogen haben. Nach ihrer Besteigung des 4.013 Meter hohen Dent du Géant in der Mont Blanc Gruppe hatte man ihr, die nie geheiratet hat, mit 28 Jahren den Beinamen „Braut der Gefahr“ verliehen, dem sie auch bei allen folgenden Aktivitäten gerecht wurde. So erscheint es nur als logische Konsequenz, dass sie bereits einen Monat nach der Aufsehen erregenden Ballonfahrt den neuen Sport des Motorfliegens erlernte. Im kommenden Jahr erwarb sie auf einem Antoinette-Eindecker als dritte Frau in Frankreich ihren Pilotenschein. Kurze Zeit später nahm sie an dem damals berühmten Frauenflugwettbewerb, dem Coup Femina, teil und gewann ihn mit einer Flugdauer von 53 Minuten, in denen sie 42 km zurücklegte.

Mit dem Fliegen kommt eine neue Seite von Marie Marvingt zum Vorschein, die zeigt, dass die Abenteurerin, die ihren Ruhm auf spektakuläre Siege gründete, Ziele hatte, die weit über die sportliche Herausforderung hinausgingen. Als junges Mädchen hatte sie in Nancy, wohin die Familie nach dem frühen Tod der Mutter umgesiedelt war, die medizinische Fakultät besucht und den Beruf der Krankenschwester erlernt. Nun, da sie jede nur denkbare sportliche Herausforderung gemeistert hatte, entwickelte sie die Idee einer Luftambulanz, um Verletzte und Kranke zu versorgen, und begab sich, finanziert von Spenden, an die Konstruktion eines entsprechenden Flugzeugs. Ein 1912 erschienener Zeitungsartikel berichtet über ihren Vorschlag einer Luftrettung angesichts der Drohung eines bevorstehenden Krieges. Heute unvorstellbar, galt das Fliegen zu dieser Zeit jedoch noch als äußerst riskanter Sport, der nicht geeignet erschien, Menschenleben zu retten, weshalb sie mit ihrer Idee bei den französischen Behörden zunächst kein Gehör fand. Während des Ersten Weltkriegs stellte sie sich als Krankenschwester in den Dienst der französischen Armee und war als Pilotin auch an Kampfhandlungen beteiligt.

Ihr Projekt der „Schwingen, die Barmherzigkeit bringen“ verfolgte sie weiter und warb dafür mit unzähligen Vorträgen, die sie auf mehrjährigen Reisen in Europa, Nordamerika und Afrika hielt. Auch wenn der Sport angesichts dieses neuen Ziels in den Jahren nach dem Ersten Weltkrieg nicht mehr die beherrschende Rolle in ihrem Leben zu spielen schien, hat sie sich immer wieder auf neue Abenteuer eingelassen. In Marokko fuhr sie auf von ihr konstruierten Metallskiern auf den Dünen, in der algerischen Wüste nahm sie an einer von den Eheleuten Citroën veranstalteten Autorallye teil, und noch mit 86 Jahren soll sie die Strecke von Nancy nach Paris mit dem Fahrrad zurückgelegt haben.

Ihr großes Ziel einer Flugambulanz entwickelte sie nach dem Ersten Weltkrieg systematisch weiter und konnte es 1934 in Marokko in großem Stil verwirklichen, wo sie beauftragt wurde, einen

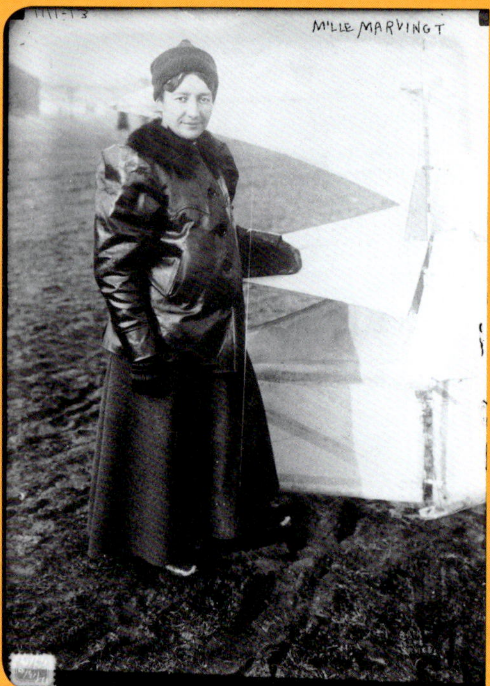

Marie Marvingt wurde 1875 im französischen Aurillac geboren, sie starb hochbetagt 1963 in Laxou in Lothringen. Sie zeigte herausragende Leistungen in einer Vielzahl von Sportarten und erhielt dafür von der französischen Académie des Sports eine Medaille für alle Sportarten. Der französische Staat ehrte sie außerdem für den Aufbau einer Luftambulanz. Über ihre Siege in den unterschiedlichsten Disziplinen berichten unzählige Zeitungsartikel, 1991 ist außerdem eine Biografie über sie erschienen.

zivilen Luftrettungsdienst aufzubauen. „Wenn wir der Welt fliegende Schwingen geschenkt haben, dann müssen wir auch alles dafür tun, dass diese Schwingen zur Friedenstaube werden“, hat sie gesagt und sich bis ins hohe Alter für eine international vernetzte Flugrettung eingesetzt. Ihre sportlichen Erfolge in den unterschiedlichsten Disziplinen betrachtete sie selbst rückblickend als Schritte, die sie zu dieser eigentlichen Lebensaufgabe geführt haben.

Spießrutenlauf zwischen den Fronten der Politik

Zola Budd

Los Angeles 1984: Das erste Mal in der Geschichte der Olympischen Spiele wird der 3.000 Meter-Lauf der Frauen ausgetragen. Auch wenn die meisten Ostblock-Staaten die Spiele boykottieren, tritt im Finale ein stark besetztes Feld an. Neben der Rumänin Maricica Puică, einer der wenigen Vertreterinnen der osteuropäischen Länder, richten sich die Augen der rund 85.000 Zuschauer vor allem auf die US-Amerikanerin Mary Decker und eine junge Läuferin aus Südafrika, die barfuß am Startfeld erscheint und in den Monaten zuvor für erhebliche Schlagzeilen gesorgt hatte: Zola Budd.

Decker ist es im vierten Anlauf geglückt, an Olympischen Spielen teilzunehmen, nachdem sie 1972 zu jung war, 1976 verletzt und 1980 in Moskau durch den Boykott der Amerikaner keine Chance hatte, ihr überragendes Können zu zeigen. Aber der 3.000 Meter-Lauf von Los Angeles geht nicht als umjubeltes Heimspiel der Amerikanerin und auch nicht durch einen Sieg der Südafrikanerin, sondern durch einen tragischen Zusammenstoß der beiden Läuferinnen in die Geschichte der Olympischen Spiele ein, der für Mary Decker das Ende ihrer Hoffnungen auf eine olympische Medaille und für Zola Budd den Höhepunkt eines monatelang andauernden Alptraums bedeutet.

Begonnen hatte er zu Beginn des Jahres mit einem sagenhaften Rekord, der der jungen Läuferin eine großartige Zukunft zu verheißen schien. In einem 5.000 Meter-Rennen in Stellenbosch unterbietet sie den von Decker aufgestellten Weltrekord um mehr als sechs Sekunden und läuft bei ungünstigen Windbedingungen knapp über 15 Minuten. Über Nacht wird sie zum Superstar, eine 17-Jährige, deren Namen bis dahin selbst in der Leichtathletikszene kaum jemand kannte. Denn Zolas Heimat Südafrika ist seit den 1940er Jahren aufgrund seiner menschenverachtenden Apartheid-Politik weitgehend isoliert von der übrigen Welt und seit den 1960er Jahren von internationalen Sportwettbewerben ausgeschlossen.

Zola wächst in dieser Zeit mit ihren vier älteren Geschwistern auf der Farm ihrer Eltern in Bloemfontein auf. Die Hautfarbe ihrer Spielkameraden spielt für sie keine Rolle, wie alle anderen Kinder in ihrer Umgebung ist sie die meiste Zeit im Freien, läuft fast immer barfuß, ein zierliches Mädchen, das ziemlich schnell ist. Das zeigt sich bei den ersten Laufwettbewerben in der Schule, denen bald größere Rennen folgen. 1980 gewinnt sie mit 14 Jahren die Südafrikanischen Schulmeisterschaften, ein Jahr später die Südafrika-Meisterschaften der unter 16-Jährigen über 800 Meter. Laufen wird für sie zur Leidenschaft, und eines ihrer Idole ist die acht Jahre ältere Mary Decker, deren Bild als Poster in ihrem Zimmer hängt.

Ein sportliches Zusammentreffen mit ihrem Vorbild scheint aufgrund der politischen Lage indes unwahrscheinlich – bis zu jenem Rekordlauf in Stellenbosch. Um ihr eine Teilnahme an den Olympischen Spielen im Sommer des Jahres zu ermöglichen – und gleichsam nebenbei Teil ihres Erfolgs zu werden – erhält Zola Angebote aus aller Welt. Die amerikanische, im weltweiten Sportmarketing tätige International Management Group setzt sich mit ihrem Vater in Verbindung, Italien bietet ihr die Staatsbürgerschaft an, aus England erhält sie den Heiratsantrag eines 65-jährigen Briten. Geradezu generalstabsmäßig geht die englische „Daily Mail" vor. In Erwartung einer sensationellen Story arrangieren die Herausgeber einen Deal, der ihnen die Exklusivrechte an Zolas Geschichte garantiert: Sie bemühen sich um die britische Staatsbürgerschaft für die neue Hoffnungsträgerin, ihr Vater und ihr Trainer bekommen die Möglichkeit in England zu arbeiten, ihre Familie ein Haus und obendrein noch 100.000 Pfund. „Jeder wollte ein Stück von Zola bekommen, und während ich lief und gut lief, fanden im Hintergrund hektische Aktivitäten statt", erinnert sich Zola später an diese Zeit. Einer der „Daily Mail"-Reporter verfasst in Windeseile eine Biografie der jungen Läuferin, in der vor allem ihre englischen Wurzeln – ihr Großvater stammte aus London – betont werden. Und durch Kontakte in höchste Regierungskreise gelingt es den „Daily Mail"-Herausgebern, dass Zola innerhalb von zehn Tagen, keine zwei Monate vor ihrem 18. Geburtstag, einen britischen Pass erhält – ein Vorgang, der normalerweise ein Jahr gedauert hätte. Bereits im Vorfeld sorgt die Aktion für hitzige Diskussionen unter Sportvertretern und Politikern, über die ausführlich in Tageszeitungen und Sportmagazinen berichtet wird. Während die Befürworter in dem Coup eine Chance für eine junge Frau sehen, die ansonsten, nur weil sie im falschen Land aufgewachsen ist, keine Möglichkeit gehabt hätte, ihr überragendes Talent zu zeigen, und dieses nun gerne für Großbritannien vereinnahmen, ist die Aktion für die Gegner ein Umgehen des politisch begründeten Boykotts Südafrikas, unvereinbar mit der olympischen Idee und ungerecht gegenüber britischen Läuferinnen, die so möglicherweise um ihre Chance gebracht werden, bei den Spielen in Los Angeles anzutreten.

Als Zola Ende März in England ankommt, ist ihre Geschichte bereits beherrschendes Thema der Schlagzeilen. Während die „Daily Mail" ihre Ankunft mit den Worten „Mail brings Wonder Girl Zola to Britain" bejubelt, kontert der konkurrierende „Daily Express" mit dem Titel „Zola go home". Für viele ist Zola das Opfer eines

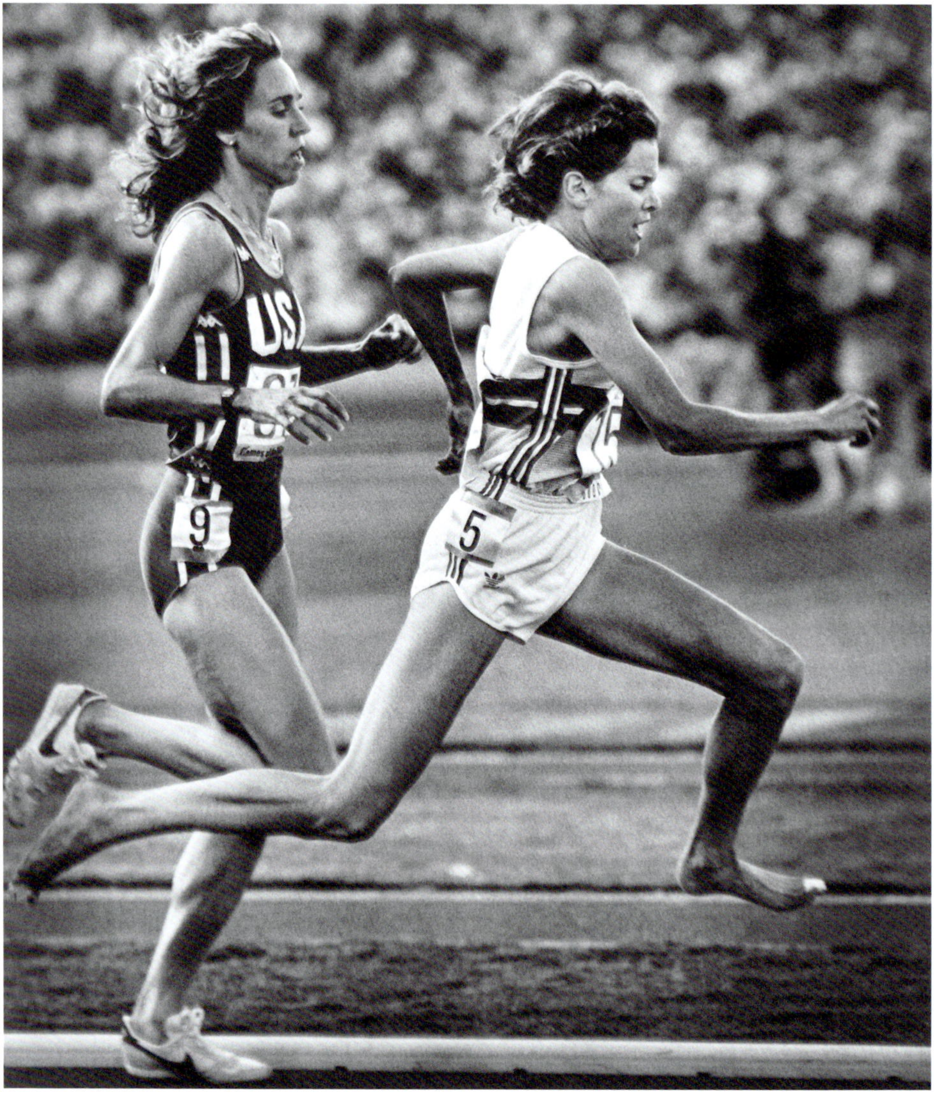

Tragischer Höhepunkt einer Läuferinnen-Karriere: Zola Budd (rechts) und Mary Decker beim 3.000 Meter-Lauf in Los Angeles 1984 kurz vor ihrem Zusammenstoß.

skrupellosen Publicity Coups, für nicht wenige aber auch das personifizierte Sinnbild südafrikanischer Apartheid. Dass sie sich besser in Afrikaans, ihrer Muttersprache, ausdrücken kann als in Englisch und lange Zeit nicht Stellung gegenüber der rassistischen Politik ihres Geburtslandes bezieht, macht die Sache nicht einfacher. Die Wettkämpfe in ihrer neuen Heimat werden begleitet von wütenden Demonstrationen der Apartheid-Gegner, die ihr Transparente mit der Aufschrift „If Zola Runs, Apartheid Wins" entgegenhalten, teilweise untersagen ihr die örtlichen Politiker die Teilnahme. Um Demonstranten und Journalisten zu entkommen, muss die Familie mehrfach umziehen, Hinterausgänge und Verfolgungsjagden wie in einem Thriller bestimmen Zolas neues Leben, sie fühlt sich behandelt wie eine Kriminelle. Die einzige Möglichkeit, zu sich zu kommen, ist für sie das Laufen und trotz aller Widrigkeiten läuft sie in ihren ersten Rennen auf britischem Boden gute Zeiten und schafft ohne Probleme die Qualifikation ins britische Olympiateam, für das sie nach erneuten – wiederum öffentlich ausgetragenen – Diskussionen schließlich in Los Angeles antreten darf.

Nach dieser aufreibenden Vorgeschichte ist der Druck, die in sie gesetzten Hoffnungen zu erfüllen und in Los Angeles eine Medaille zu gewinnen, enorm. Tatsächlich schafft Zola es im Finale des 3.000 Meter-Laufs nach vier Runden, die führende Mary Decker zu überholen. Es ist ein Rennen, dessen Tempo kaum eine Möglichkeit bietet auszuweichen, und Bruchteile von Sekunden später stoßen die eng beieinander laufenden Favoritinnen zusammen. Dass Mary dadurch zu Boden stürzt, bekommt Zola zunächst nicht mit, sie läuft weiter an der Spitze und realisiert erst einige hundert Meter später, was passiert ist. Dann aber hört sie Buhrufe und Beschimpfungen, das ganze Stadion scheint in Aufruhr, und all diese Wut richtet sich gegen sie. „Die Buhrufe kamen wie eine Flutwelle geballter Feindseligkeit. Es war wie ein Schlag in den Magen. Mehr als je zuvor wollte ich nur noch aufhören und dem Ganzen ein Ende setzen. Ich wollte irgendwohin gehen und mich verstecken, aber weil das nicht möglich war, bin ich einfach weitergelaufen", beschreibt sie ihren Lauf rückblickend. So bringt sie auch die letzten beiden Runden hinter sich und kommt schließlich als siebte ins Ziel. Für Mary Decker ist das Rennen nach ihrem Sturz zu Ende, und in ihrer Verzweiflung gibt sie Zola die Schuld an dem Zusammenprall. Die Südafrikanerin wird kurzzeitig disqualifiziert, bis eine Videoanalyse sie von den erhobenen Vorwürfen freispricht. An dem traumatischen Erlebnis ändert dies kaum etwas. Zola will nur noch weg und in ihr beschauliches Leben in Bloemfontein zurückkehren. Sie wird unter Polizeischutz zum Flughafen gebracht und fliegt mit kurzem Zwischenstopp in England weiter nach Südafrika.

Sie hofft nun, da die von Anfang an unter einem unglücklichen Stern stehende Olympia-Geschichte vorbei ist, endlich wieder ein Leben nach ihren Vorstellungen, unabhängig von sensationshungrigen

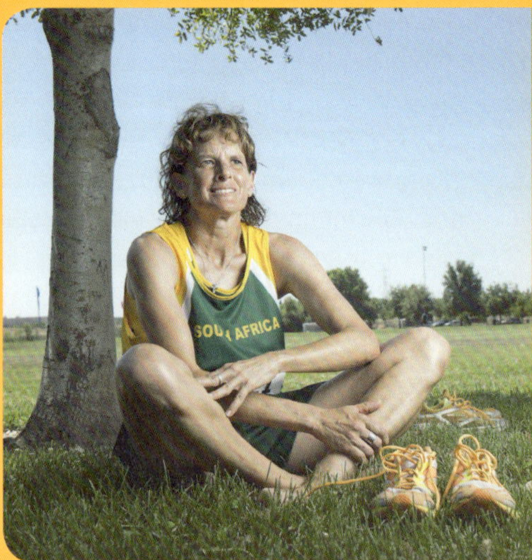

Zola Budd wurde 1966 im südafrikanischen Bloemfontein geboren. International bekannt wurde sie durch ihren Sieg bei einem 5.000 Meter-Lauf in Stellenbosch, den sie im Januar 1984 barfuß laufend in Weltrekordzeit erringt. Noch im gleichen Jahr erhält sie die britische Staatsbürgerschaft und startet bei den Olympischen Spielen in Los Angeles für Großbritannien im 3.000 Meter-Lauf. Nach einer Kollision und dem darauf folgenden Sturz der Amerikanerin Mary Decker kommt Budd, ausgepfiffen durch das Publikum, als siebte ins Ziel. In den kommenden beiden Jahren siegt sie zweimal in Folge bei den Crosslauf-Weltmeisterschaften, sie stellt einen Weltrekord über 5.000 Meter sowie einen Hallen-Weltrekord über 3.000 Meter auf. Verletzungen und Proteste der afrikanischen Staaten verhindern jedoch ihre Teilnahme an weiteren internationalen Wettbewerben.

Mit Aufhebung der Sanktionen gegen Südafrika nimmt sie 1992 noch einmal an Olympischen Spielen teil, scheidet jedoch bereits im Vorlauf des 3.000 Meter-Laufs aus. Ihr letzter internationaler Erfolg ist ein vierter Platz bei den Crosslauf-Weltmeisterschaften 1993.

2008 zieht Zola Budd in die Vereinigten Staaten, wo sie seit einigen Jahren als Trainerin der Coastal University von South Carolina arbeitet. Sie hat 1989 zusammen mit Hugh Eley ihre Autobiografie herausgegeben.

Ihr Zusammenstoß mit Mary Decker wurde 2016 unter dem Titel „The Fall" verfilmt und ist Thema mehrerer Bücher, u. a. bei Jason Henderson: Collision Course. The Olympic Tragedy of Mary Decker and Zola Budd, Edinburgh 2016 und Kyle Keiderling: Olympic Collision. The Story of Mary Decker and Zola Budd, Nebraska 2016.

Journalisten und öffentlichen Anfeindungen führen zu können. Und ihr gelingt ein Arrangement, das es ihr erlaubt, die meiste Zeit in Südafrika zu verbringen und trotzdem für Großbritannien zu laufen.

Sie trainiert härter als je zuvor, läuft bis zu 150 km in der Woche und hat im Jahr nach den Spielen von Los Angeles die größten Erfolge ihrer Laufbahn – vor allem bei Wettkämpfen außerhalb Englands, wo sich auch weiterhin regelmäßig Apartheid-Gegner bei ihren Rennen einfinden. Sie gewinnt die Crosslauf-Weltmeisterschaften in Portugal, siegt beim Europa-Cup in Moskau und läuft in London Weltrekord über 5.000 Meter. Bei einem Rennen allerdings, das als Jahrhundertbegegnung angekündigt und als gewaltiges Medienspektakel inszeniert wird, ihr obendrein ein bis dahin unvorstellbares Startgeld von 90.000 Pfund einbringt, ist es ihr unmöglich, ihre Leistung zu zeigen: dem ersten Zusammentreffen mit ihrer Kontrahentin nach den Spielen von Los Angeles. Im Londoner Crystal Palace Stadion kommt sie über 3.000 Meter hinter einer überragenden Mary Decker mit 13 Sekunden Abstand auf den vierten Platz – und scheint froh zu sein, das unvermeidliche Zusammentreffen hinter sich gebracht zu haben.

„Zola hat die Beine einer Antilope, das Gesicht eines Engels und das Glück einer Aussätzigen" – so hat ein Journalist ihr Schicksal zusammengefasst. Auch in den kommenden Jahren steht ihre Laufkarriere im Zeichen politischer Auseinandersetzungen, an denen der Sport nicht vorbeikommt. Bei den Commonwealth Games 1986 protestieren die afrikanischen Staaten gegen ihre Teilnahme, weil sie zwar für England starte, aber überwiegend in Südafrika lebe. Und auch bei den Olympischen Spielen zwei Jahre später tritt sie nicht an, weil die afrikanischen Mitglieder des Weltleichtathletik-Verbandes IAAF sich gegen ihre Teilnahme aussprechen und sie außerdem für alle internationalen Wettkämpfe des Jahres sperren.

Sie entschließt sich 1988, obwohl dies auch für die Zukunft den Verzicht auf große Meisterschaften bedeutet, wieder ganz in Südafrika zu leben. „Wenn ich zurückblicke auf die letzten drei Jahre als Läuferin, habe ich nicht viel erreicht, vor allem nicht als Persönlichkeit", ist ihr bitteres Resümee.

Dennoch läuft sie weiter. Sie tritt noch einmal bei Olympischen Spielen an, 1992 in Barcelona, diesmal in den Farben Südafrikas, das mit dem Ende der politisch angeordneten Apartheid wieder zu internationalen Sportwettbewerben zugelassen ist, und findet schließlich eine neue Herausforderung im Marathon. Allen Widrigkeiten und traumatischen Erfahrungen, die sie durch ihren Sport erlebt hat, zum Trotz ist ihr die Leidenschaft für das Laufen bis heute geblieben.

Mit Guppy um die Welt

Laura Dekker

Laura Dekker ist in mehrfacher Hinsicht eine Grenzgängerin. Mit ihrem Boot *Guppy* hat sie alleine die Welt umsegelt, ist über die großen Ozeane von Kontinent zu Kontinent gefahren, hat Längen- und Breitengrade, Zeitzonen und eine Datumsgrenze überwunden. Und sie hat dieses Abenteuer mit 14 Jahren begonnen und damit eine Diskussion in Gang gesetzt, die bis heute auch unter denjenigen, die nichts mit Segeln zu tun haben, polarisiert. Im Vorfeld ihrer großen Reise, die sie ursprünglich bereits im Jahr zuvor antreten wollte, war es zu mehreren Gerichtsverhandlungen gekommen, der niederländische Staat hatte zeitweise die Vormundschaft über sie übernommen, und die Medien ein Thema gefunden, das sich als Sensation bestens verkaufte.

Laura Dekker wollte als jüngste Solo-Weltumseglerin Geschichte schreiben, aber eigentlich ging es ihr weniger um Rekorde als darum, sich ihre Freiheit zu erkämpfen. Und die bestand für sie darin, allein auf hoher See zu sein. „Ich habe nur ein Jahr lang in einem wirklichen Haus gewohnt. Ein Haus fühlt sich für mich an wie ein Gefängnis, ich fühle mich eingesperrt", hat sie gesagt, und tatsächlich hat sich ihr Leben in den ersten Jahren überwiegend auf See abgespielt. Sie kommt während der Weltumseglung ihrer Eltern 1995 im neuseeländischen Whangarei zur Welt, einer Reise, die noch weitere sechs Jahre dauert, ehe die Familie in die Niederlande zurückkehrt. Auch dort hat sie, nach der Scheidung ihrer Eltern, mit ihrem Vater auf einem Boot gewohnt. Zu ihrem sechsten Geburtstag bekommt sie einen Optimisten, ihr erstes eigenes Boot, mit zehn unternimmt sie mit einem Kajütsegelboot ihre erste längere Solo-Segeltour durch das IJsselmeer, drei Jahre später segelt sie allein nach England. Von da an plant sie ihre Weltumseglung. Während sie und ihr Vater sich vor allem mit praktischen Dingen wie der Anschaffung und Ausrüstung eines geeigneten Bootes, Sponsorengeldern und der geplanten Route befassen, beschäftigt Gerichte und Öffentlichkeit die Frage, ob ein Teenager den physischen und psychischen Herausforderungen einer solchen Reise gewachsen sein kann. Diese sind in der Tat gewaltig.

Während der 27.000 Seemeilen und eineinhalb Jahre, die Laura unterwegs ist, begegnen ihr Stürme genauso wie Flauten und mehrere Meter hoher Wellengang, Probleme mit zerrissenen Segeln und Lecks, Einsamkeit und körperliches Unwohlsein. Bei Windstärken um die 70 km/h hat sie das Gefühl, dass ihr Boot wie eine Badeente im Schleudergang der Waschmaschine hin und her geworfen wird, und fliegt selbst quer durch die Kajüte. Sie wird von donnernden Brechern überrollt, fährt manches Mal mehr unter als über Wasser. In etlichen Nächten kann sie wegen Sturmböen, die sie zwingen, immer wieder die Segel neu zu setzen, einzuholen oder zu reffen, nur wenige Minuten am Stück schlafen. Und trotzdem fühlt sie sich mitten auf dem Ozean sicherer als in Küstennähe, wo Riffs, Untiefen und erhöhter

Die Weltumseglung von Laura Dekker

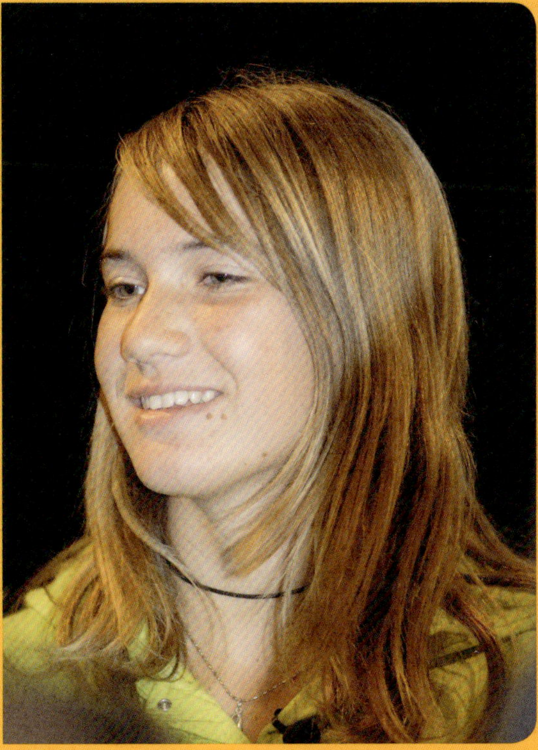

Laura startet ihre Tour am 4. August 2010 in den Niederlanden zusammen mit ihrem Vater, der sie bis Gibraltar begleitet. Von dort aus überquert sie nach Stopps auf den Kanarischen Inseln und den Kapverden in 17 Tagen den Atlantik und kommt am 18. Dezember auf Sint Maarten in der Karibik an. Nach der Durchfahrt durch den Panamakanal und Zwischenhalten auf den Las Perlas- und den Galapagos-Inseln segelt sie in weiteren 17 Tagen westwärts durch den Pazifik zu den Marquesas-Inseln. Es folgen mehrere kürzere Etappen über Tahiti, Bora Bora und die Fidschi-Inseln bis nach Darwin in Australien. Von Darwin startet sie am 24. September 2011 ihre längste Etappe, die sie in 47 Tagen ohne Zwischenhalt nach Durban in Südafrika bringt. Nach Umrundung des Kaps der Guten Hoffnung tritt sie am 12. Dezember von Kapstadt aus den Rückweg nach Sint Maarten an. 366 Tage nach ihrer Abfahrt kommt sie am 21. Januar wieder auf der Karibik-Insel an.

Laura Dekker hat während ihrer Segeltour einen Blog veröffentlicht, den sie bis heute weiterführt (vgl. **www.lauradekker.nl**), und im Anschluss daran das Buch „Ein Mädchen, ein Traum. Solo um die Welt" geschrieben. Die amerikanische Regisseurin Jillian Schlesinger hat den Film „Maidentrip" über Lauras Weltumseglung gedreht.

„Der Pazifik hat mir alle schönen unbekannten kleinen Inseln aus meinen Träumen geliefert. Der indische Ozean hat mir einen Schlag ins Gesicht verpasst, sodass ich wieder aus der Traumwelt erwacht bin; das schlechte Wetter, Stürme und Flauten, aber auch die langen Stücke des Segelns, die ich mir gewünscht hatte. Und der südatlantische Ozean gab mir einen milden Passatwind, sodass ich alle Eindrücke verarbeiten konnte. Aber ist es genug?"
Aus: Laura Dekker: „Ein Mädchen, ein Traum". Solo um die Welt, Bielefeld 2013, S. 314

Schiffsverkehr ihre ganze Aufmerksamkeit erfordern. In diesen Stunden auf See ist sie ganz eins mit ihrer *Guppy,* einem gut 12 Meter langen Zweimaster mit knapp zwei Metern Tiefgang, der nicht übermäßig schnell, aber für einen Solosegler gut zu segeln ist, weil er statt einem großen, mehrere kleine Segel hat und sich selbständig steuern kann. Sie spricht *Guppy* in schwierigen Situationen Mut zu, leidet mit ihr, wenn die Segel wegen abnehmender oder drehender Winde schlagen, und ist stolz auf sie, wenn sie sich mit einem weißen Schaumkronen-Bart durch die Wellen pflügt. Sie genießt es, nur von Wasser umgeben, stundenlang auf's Meer zu blicken, sie freut sich an Sternenhimmeln, die man an Land nicht zu sehen bekommt, an beeindruckenden Sonnenaufgängen und an Delfinen, die um sie herum ihre Kunststücke zeigen. Sie feiert Weihnachten und Silvester ohne Freunde und Familie auf hoher See – und findet es schön „so allein mit *Guppy*". Ihre Zeit an Bord verbringt sie damit, viel zu lesen und Schulaufgaben für die Weltschule zu erledigen, zu kochen und Reparaturarbeiten an *Guppy* auszuführen, fliegende Fische von Bord zu werfen und ab und zu, wenn sie genügend Regenwasser gesammelt hat, mit einer Süßwasserdusche alles Salz von sich abzuwaschen. Es gibt Zeiten, in denen sie sich fragt, warum sie das alles auf sich nimmt, es gibt Höhen und Tiefen, und sie stellt fest: „Segeln ist immer eine Frage von Hass und Liebe. 90 Prozent der Zeit ist es einfach nichts. Aber die übrigen zehn Prozent lohnen sich doppelt und dreifach. Vor allem der Kick beim Ankommen und die Anziehungskraft des Wassers, das hinter dem Horizont liegt, treiben mich immer weiter westwärts."

Laura Dekker hat sich Zeit bei ihrer Weltumseglung gelassen, vor allem auf den ersten Etappen hat sie immer wieder Stopps eingelegt und gemeinsam mit anderen Seglern die Inselwelt im karibischen Meer und im Südpazifik erkundet. Sie fühlt sich wohl in der Seglerwelt und freundet sich mit vielen an, egal ob es Gleichaltrige sind oder Menschen, die ihre Großeltern sein könnten. Trotzdem werden die Zwischenhalte gegen Ende ihre Reise weniger. Während der letzten beiden Etappen von Australien nach Südafrika und von dort aus weiter zurück nach Sint Maarten in der Karibik ist sie jeweils mehr als 40 Tage allein auf See unterwegs. Höhepunkte eines Abenteuers, das sie vor allem mit sich selbst eingegangen ist.

Als ihre Reise zu Ende geht, weiß sie, dass sie nicht mehr in die Niederlande zurückkehren will. Sie segelt von Sint Maarten aus wieder nach Westen bis nach Whangarei in Neuseeland. Dort ist sie geblieben, hat ihr Skipper-Patent gemacht und geheiratet. Ihr Geburtsort ist ihre neue Heimat geworden, ihr Wohnort noch lange ihre geliebte *Guppy* geblieben.

Botschafterinnen

Spätestens, wenn Sport zum Medienereignis wird, erhält er auch eine gesellschaftliche, manchmal sogar politische Dimension. Die Athletinnen in diesem Kapitel haben für Schlagzeilen gesorgt, auch über ihre eigentliche Disziplin hinaus. Durch ihre sportlichen Erfolge wurden sie zu Personen des öffentlichen Lebens und haben ihre Prominenz genutzt, um sich zu engagieren und ihre Botschaft weiterzugeben: Sport kann Leben verändern und dazu beitragen, gesellschaftliche Normen, politische Widerstände und eigene Handicaps zu überwinden.

Sieg für die Frauen Algeriens

Hassiba Boulmerka

Sechs Jahrzehnte nach Lina Radkes Sieg über 800 Meter bei den Olympischen Spielen von Amsterdam macht erneut eine Mittelstreckenläuferin Schlagzeilen. Hassiba Boulmerka, eine junge Algerierin, siegt 1988 bei den All African Games in ihrem Heimatland über 800 und über 1.500 Meter, und auch ihr Name wird zu einem Symbol dafür, wie Frauen mit und über den Sport hinaus einen Beitrag auf dem langen Weg zur Gleichberechtigung leisten.

Bei internationalen Wettbewerben sind die Mittelstrecken seit den 1950er Jahren, bei den Olympischen Spielen seit 1960 wieder für Frauen zugelassen. Aber was in Europa und den USA mit einer langen Verzögerung endlich Normalität geworden ist, ist es im muslimischen Afrika noch lange nicht. Hassiba Boulmerka bekommt das früh zu spüren. Als ihr Sportlehrer an der weiterführenden Schule in Constantine im Norden Algeriens ihr läuferisches Talent entdeckt und sie beginnt, regelmäßig zu trainieren, trifft sie damit bei Bekannten und Freunden der Familie auf Unverständnis. In einem Interview mit der amerikanischen „Sports Illustrated“ erinnert sie sich: „Am Anfang hatte ich keine Probleme. Meine Klassenkameraden und ich waren alle muslimisch erzogen worden, es gab Regeln, dass man keinen Alkohol trinken und kein Schweinefleisch essen durfte, und dass Frauen nicht zum Tanzen gehen dürfen. Wir alle lebten mit diesen Regeln, im Einvernehmen zwischen den Geschlechtern. Wir konnten zusammen Sport treiben, obwohl die Anzahl der Frauen hier immer schon gering war. Dann jedoch entstand eine Bewegung im Parlament, die Sport für Frauen verbieten wollte, aber die Mehrheit stimmte dagegen. Die strenggläubigen Muslime begannen daraufhin im Verborgenen ihre Agitation gegen den Frauensport. Es war nicht offensichtlich, aber ich konnte es spüren.“ Es ist der Beginn einer langen Reihe von Anfeindungen und Drohungen, die ihre sportlichen Erfolge begleiten. Aber Hassiba Boulmerka ist eine Kämpferin, und sie findet Rückhalt bei ihren Eltern, die die sportlichen Ambitionen ihrer Tochter unterstützen.

Mit 16 Jahren bestreitet sie ihre ersten größeren Wettkämpfe, drei Jahre später wird sie algerische Meisterin über 800 und 1.500 Meter, und 1988 wird mit ihren Siegen bei den All African Games auch die internationale Leichtathletikszene auf sie aufmerksam. Sie ist die beste Läuferin Afrikas, doch noch fehlt ihr die Erfahrung im Wettkampf mit Spitzenathletinnen aus aller Welt. Bei den Olympischen Spielen im gleichen Jahr in Seoul scheidet sie bereits bei den Vorläufen aus. Sie ist jetzt 20 Jahre alt, eine junge ehrgeizige Frau, die weiß, dass sie mehr erreichen kann, wenn sie nur die richtigen Bedingungen vorfindet.

1990 zieht sie deshalb von Constantine ins 400 km entfernte Algier, wo sie im Olympiastützpunkt bei Amar Bouras trainiert, der später über sie sagt: „... bei Hassiba wusste ich, daß es für sie keine Alternative zur Goldmedaille gab. Sie kann gar nicht anders." Und tatsächlich: Bei den Weltmeisterschaften von Tokio 1991 siegt sie über die 1.500 Meter-Distanz – und ist damit die erste Leichtathletik-Weltmeisterin aus Afrika. Für Hassiba Boulmerka ist dies mehr als nur ein persönlicher sportlicher Erfolg; sie hat ihn für ihr Land, für die algerischen und alle arabischen Frauen errungen. „Sie verdienen Respekt", sagt sie nach ihrem Lauf. „Natürlich haben wir Frauen Pflichten, aber wir haben auch Rechte."

Ihre Ankunft in Algerien gleicht einem Triumphzug, von ihren Landsleuten wird sie begeistert empfangen, die Menschen werfen ihr Blumen und Süßigkeiten zu, als sie in einer offenen Limousine durch Algier fährt. Staatspräsident Chadli Bendjedid verleiht ihr als erster weiblicher Zivilperson den Verdienstorden des Landes. Aber es gibt auch andere Stimmen, und diese erhalten zunehmend mehr Gewicht. Die Euphorie, die Hassiba Boulmerka entgegengebracht wird, kann nicht darüber hinwegtäuschen, dass Algerien ein gespaltenes Land ist und sich im Vorfeld eines Bürgerkrieges zwischen der Regierung und verschiedenen islamistischen Bewegungen befindet. Bereits 1988 war es aufgrund der hohen Arbeitslosigkeit und Wohnungsnot zu schweren Unruhen gekommen, die Hunderte von Todesopfern forderten. Vermehrt gewannen daraufhin islamistische Gruppen an Macht, eine Entwicklung, die auch Versuche einer Demokratisierung nicht aufhalten konnten. Als sich bei den Parlamentswahlen 1991/92 ein Sieg der fundamentalistischen Islamischen Heilsfront abzeichnete, wurden die Wahlen abgebrochen, und das Militär übernahm die Macht. Es ist der Beginn von jahrelangen bewaffneten Auseinandersetzungen, unter denen die Zivilbevölkerung bis heute leidet.

Nur wenige Monate, nachdem Hassiba Boulmerka von Präsident Chadli Bendjedid mit der höchsten Auszeichnung des Landes geehrt worden ist, wird dieser abgesetzt. Und die junge Läuferin wird von den Imamen der Islamischen Heilsfront öffentlich missbilligt, weil sie „halb nackt" vor den Augen Tausender Männer gelaufen sei. Boulmerka entgegnet mutig, dass es schwierig sei, mit Schleier und in Pluderhose bei Wettkämpfen zu laufen, aber sie ist sich durchaus der Gefahr, die ihr durch die Imame droht, bewusst. Und sie weiß, dass die Morddrohungen, die sie erhält, ernst gemeint sind.

Hassiba Boulmerka liebt ihr Land, und sie will es nicht verlassen, aber es ist ihr unmöglich, sich in dieser Situation auf die Olympischen Spiele vorzubereiten. Anfang 1992 verlegt sie ihr Training daher zunächst nach Frankreich und dann nach Italien. Als sie am 8. August 1992 im Finale des 1.500 Meter-Laufs in Barcelona an den Start geht, wird sie von bewaffneten Sicherheitskräften begleitet, und in ihrer Heimat ist die Lage unübersichtlicher denn je. Der von den Militärs eingesetzte Staatschef von Algerien, Mohammed Boudiaf, ist nur wenige Monate nach Amtsantritt kurz vor Beginn der Spiele ermordet worden, er war ein Hoffnungsträger für viele Algerier, auch für Hassiba Boulmerka. Sie schafft es dennoch, sich ganz auf ihren Lauf zu konzentrieren und siegt mit einem beeindruckenden Endspurt in ihrer persönlichen Bestzeit von 3:55,30 min. Es ist die erste Goldmedaille für Algerien in der Geschichte der Olympischen Spiele, ein Sieg auch über die, die sie anfeinden; sie widmet sie Mohammed Boudiaf.

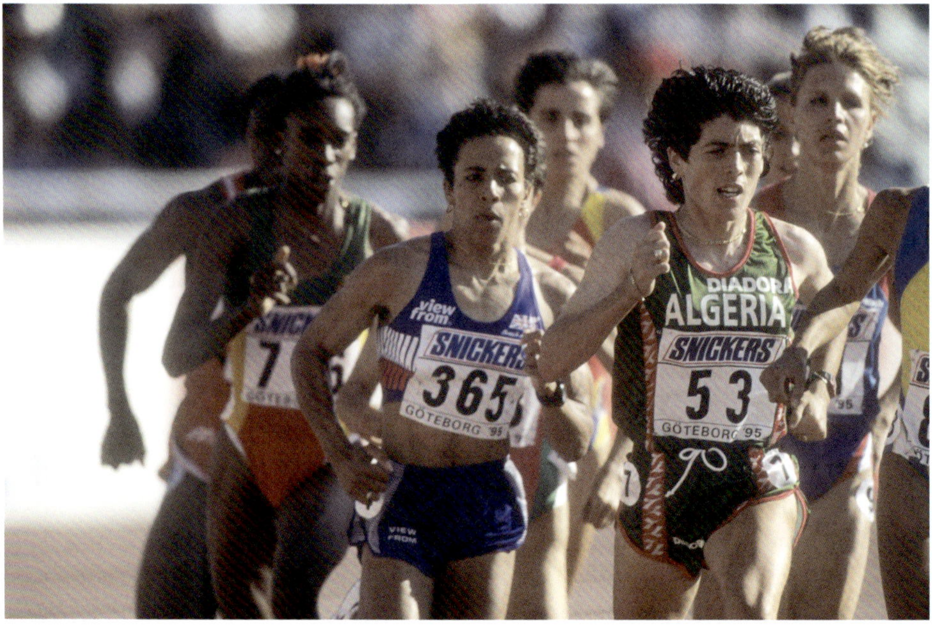

Nachdem sie bei den Spielen von Barcelona 1992 die erste Goldmedaille für ihr Land gewinnen konnte, wird Hassiba Boulmerka drei Jahre später zum zweiten Mal Weltmeisterin über 1.500 Meter.

Hassiba Boulmerka hat mit ihrem Sport immer politische Ziele verbunden, und das politische Engagement wird ihr zunehmend wichtiger. 1992 gründet sie die Organisation „Solidarity Algeria", die auf den zunehmenden Islamismus und die Unterdrückung der Menschen in Algerien aufmerksam machen möchte. Tatsächlich wird ihr Heimatland von einem immer brutalere Ausmaße annehmenden Bürgerkrieg beherrscht. Auch Hassibas Familie leidet unter der Bedrohung durch die Islamisten. Als Hassiba aus Barcelona nach Hause zurückkehrt, liegt ihr Vater nach einem Schlaganfall im Koma, und sie ist überzeugt, dass es auch die Sorgen um sie gewesen sind, die ihn krank gemacht haben. Trotzdem tritt sie bei den Leichtathletik-Weltmeisterschaften ein Jahr später in Stuttgart erneut über 1.500 Meter an und gewinnt Bronze.

Zwei Jahre später, in Göteborg, werden bereits andere Läuferinnen als Favoritinnen gehandelt, aber noch einmal überrascht sie die Leichtathletik-Welt mit einem grandiosen Lauf, der ihr den zweiten Weltmeistertitel beschert.

Nach ihrem ersten Triumph in Tokio hatte sie in einem Interview gesagt: „Beim Sport, auf der Laufbahn habe ich gelernt zu leiden, mein Land zu lieben, mich zu konzentrieren, Verantwortung zu übernehmen. Ich glaube, dass man sich im Sport besser ausdrücken kann als in irgendeinem anderen Bereich. Außerdem bringt der Sport die Menschen zusammen." Aber seitdem hat sie viele persönliche Opfer für ihre Erfolge gebracht, und die Zeit, in der ihr Land sie als Heldin gefeiert hat, ist vorbei. Als sie sich bei den Olympischen Spielen von Atlanta den Knöchel verletzt, zeichnet sich das Ende ihrer sportlichen Laufbahn ab. Zwei Jahre später tritt sie als aktive Athletin zurück.

Ihre Hoffnung, durch ihren Namen etwas für benachteiligte Sportlerinnen zu erreichen, bleibt jedoch bestehen. Sie bezieht öffentlich Stellung gegen die Diskriminierung von Frauen im Sport und wird 1999 in die Athletenkommission des Internationalen Olympischen Komitees gewählt: Sie begreift es als Anerkennung und vor allem als Chance, in großem Stil, auch finanziell, etwas für den Frauensport zu bewirken. Doch schnell weicht ihr Enthusiasmus der Ernüchterung, sie muss erkennen, dass sich trotz immenser Mittel nur wenig ändert. Als sie den Machthabern in Algerien zu unbequem wird, verliert sie nach einem Jahr ihren Platz im IOC an einen männlichen Sportler.

Für Hassiba Boulmerka bedeutet dies den endgültigen Abschied vom Sport, vielleicht der schwerste Schritt für einen Athleten, wie sie in einem Interview mit dem arabischen Sender BeIn Sport 2015 sagte.

Inzwischen ist ihr eine weitere algerische Mittelstreckenläuferin als Olympiasiegerin gefolgt, und die algerischen Frauen sind bei den Olympischen Spielen, wenn auch in geringer Zahl, regelmäßig vertreten. Der Weg, den Hassiba Boulmerka bereitet hat, geht weiter.

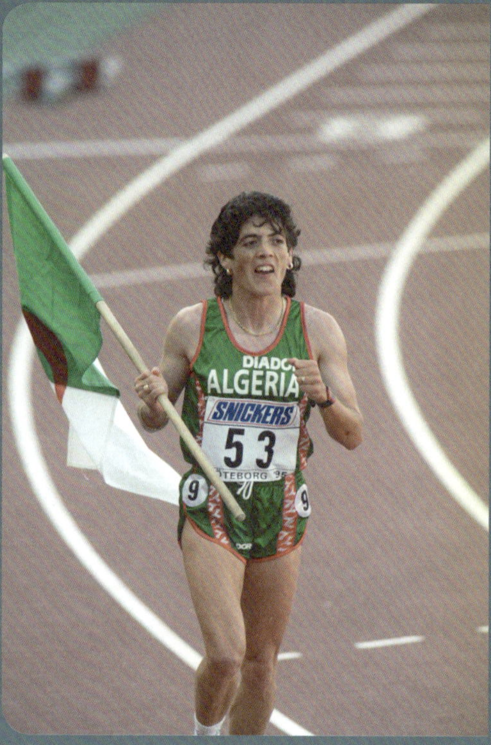

Hassiba Boulmerka wurde 1968 in Constantine, der drittgrößten Stadt Algeriens geboren. Sie kommt aus einfachen Verhältnissen, aber ihre Eltern ermöglichen ihr und ihren sechs Geschwistern eine gute Schulbildung, durch die sie auch den Zugang zur Leichtathletik findet. 1991 wird sie Weltmeisterin über 1.500 Meter; in Barcelona 1992 gewinnt sie die erste Goldmedaille ihres Landes bei Olympischen Spielen.

Nach ihrem Rücktritt vom aktiven Sport 1998 ist sie noch für kurze Zeit im Athletengremium des Internationalen Olympischen Komitees tätig. Hassiba Boulmerka arbeitet heute als Leiterin eines pharmazeutischen Handelsunternehmens in Algier.

Ein ausführliches Porträt von ihr mit weiterführender Literatur findet sich in dem von Iris Berben und Nicole Maibaum herausgegebenen Band „Frauen bewegen die Welt“ (München 2009).

Prinzessin Charlène von Monaco

Es war einmal ein kleines Mädchen in Afrika, so könnte man die Geschichte von Charlène beginnen lassen, deren Ururgroßeltern einst aus Deutschland ausgewandert waren, um bei der Diamantensuche ihr Glück zu finden. Es ist eine Geschichte von wahr gewordenen Träumen und einer schicksalhaften Begegnung mit einem märchenhaften Happy End. Sie erzählt davon, wie aus dem kleinen Mädchen eine wunderschöne Prinzessin geworden ist.

Als Charlène 1978 zur Welt kommt, ist die Familie seit mehr als 100 Jahren in Afrika und lebt inzwischen in Simbabwe. Ihre Mutter ist Sporttaucherin und Schwimmlehrerin, und auch die Tochter findet schnell Freude am Schwimmsport. 1989 ziehen sie nach Südafrika in die Nähe von Johannesburg. Charlène trainiert jetzt regelmäßig, mehrere Stunden täglich, und eine Zukunft als erfolgreiche Schwimmerin wird mit jedem Jahr wahrscheinlicher.

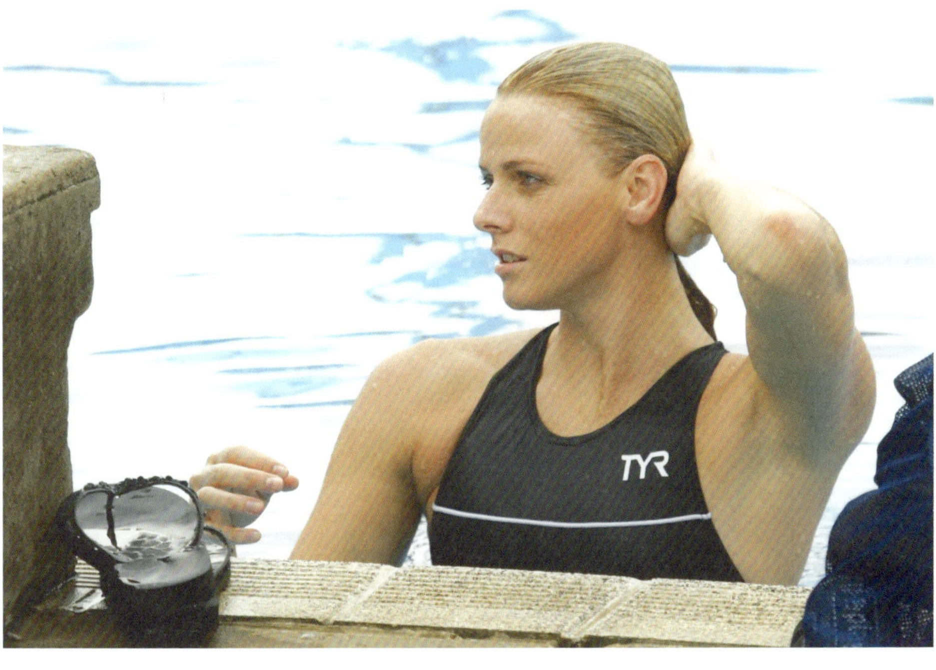

Charlène Wittstock beim Schwimmtraining in ihrer Heimat Südafrika 2006. Fünf Jahre später heiratet sie Fürst Albert von Monaco.

Mit 18 gewinnt sie die südafrikanischen Schwimm-Meisterschaften, drei Jahre später, 1999, siegt sie bei den All African Games jeweils über 100 Meter Freistil und Rücken. Eines der größten Ziele eines jeden Sportlers, die Olympischen Spiele, rücken in greifbare Nähe. Um sich darauf vorzubereiten, schließt sich Charlène dem Tuks Swimming Club der Universität Pretoria an. Sie findet hier hervorragende Trainingsbedingungen und ein ambitioniertes Umfeld. „Siegen ist unsere Leidenschaft", heißt es auf der Homepage des Universitätsvereins und „Wir glauben an unsere Träume".

Für Charlène geht ihr Traum in Erfüllung, als sie in Sydney als Teil der Mannschaft Südafrikas bei der Eröffnungszeremonie teilnimmt und anschließend mit der Staffel über 4 x 100 Meter Lagen den fünften Platz belegt. Und das Jahr geht erfolgreich weiter. Bei dem internationalen Schwimmwettbewerb Mare Nostrum in Monaco gewinnt sie über 200 Meter Rücken die Goldmedaille – und begegnet dem Erbprinzen des Fürstentums, Albert von Monaco. Der „ewige Junggeselle" ist bekannt für seine zahlreichen Affären, und die bunten Blätter der Boulevardpresse sehen Charlène bereits als eine weitere von vielen Freundinnen des lebenslustigen Prinzen. Beide eint die Leidenschaft für den Sport, auch Albert hat als Bobfahrer bereits an Olympischen Spielen teilgenommen.

Charlène kann beim Weltcup der internationalen Kurzbahn-Meisterschaften 2001/2002 noch einmal an ihre Erfolge anknüpfen, wo sie über 50 und 100 Meter Freistil sowie mit der 4 x 100 Meter Lagenstaffel siegt. Bei den Commonwealth Games 2002 kommt ihre Staffel auf den zweiten Platz. „Während dieser wunderbaren Jahre habe ich Disziplin gelernt, harte Arbeit, Zielstrebigkeit, Teamgeist und Aufrichtigkeit. Ohne den Sport wäre ich nicht die, die ich heute bin", sagt sie rückblickend über ihre Schwimmlaufbahn, die sie 2007 mit einer Goldmedaille über 50 Meter Rücken bei den Südafrikanischen Meisterschaften beendet.

Ihre Hoffnung, ein weiteres Mal an Olympischen Spielen teilzunehmen, zerschlägt sich aufgrund einer Schulterverletzung – und dennoch steht sie noch einmal bei Olympia im Rampenlicht: Bei der Eröffnungszeremonie der Winterspiele 2006 begleitet sie Albert, der nach dem Tod seines Vaters im Jahr zuvor inzwischen Fürst von Monaco ist. Es ist einer der ersten offiziellen Anlässe, bei denen das Paar gemeinsam auftritt und für die beiden gleichermaßen ein Rückblick auf ihre eigenen sportlichen Erfolge sowie ein Start in eine gemeinsame Zukunft. Im Jahr darauf verlegt Charlène ihren Wohnsitz nach Monaco, 2011 heiraten sie – mit allem Pomp und Glamour einer fürstlichen

Hochzeit, deren Bilder in die ganze Welt übertragen werden.

Durch ihre Ehe mit Fürst Albert verändert sich Charlènes Leben grundlegend, aber sie gibt ihr auch die Möglichkeit, ihre Leidenschaft für den Sport nun zu karitativen Zwecken zu nutzen. „Sport“, davon ist sie überzeugt, „kann Leben verändern und

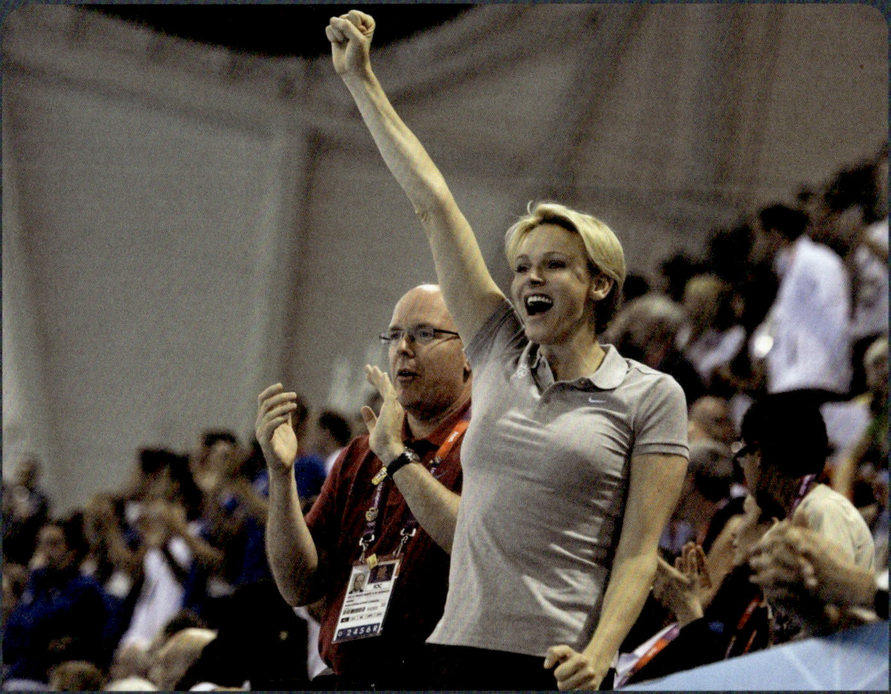

Charlene Wittstock wurde 1978 in Rhodesien, dem heutigen Simbabwe, geboren; mit elf Jahren zieht sie mit ihrer Familie nach Südafrika. Dort erzielt sie auch ihre ersten sportlichen Erfolge als Schwimmerin, die sie durch die Teilnahme an den Olympischen Spielen von Sydney krönen kann. Durch ihre Heirat mit Fürst Albert II. wurde sie zur Fürstin von Monaco. Sie ist bei verschiedenen Wohltätigkeitsorganisationen engagiert und wurde 2011 zur Botschafterin der Special Olympics, der internationalen Spiele für Menschen mit geistiger Behinderung, ernannt. 2012 gründete sie ihre eigene Stiftung, die Fondation Princesse Charlène de Monaco, die sich in den Bereichen „Wassersicherheit“, „Schwimmunterricht“ und „Sport und Erziehung“ weltweit vor allem für benachteiligte Kinder und Jugendliche einsetzt.

retten." In diesem Sinne gründet sie 2012 die Fondation Princesse Charlène, die sich weltweit für Sportprojekte einsetzt und rund um den Globus Kindern Schwimmunterricht ermöglicht, um sie dadurch vor der Gefahr des Ertrinkens zu schützen.

Eines ihrer ersten Projekte führt sie in Marokko durch, in den Dörfern rund um Agadir, wo Schwimmen nicht Teil des Stundenplans ist. Obwohl sie nah am Meer wohnen, können viele Kinder hier nicht schwimmen, und Charlène hat während eines Surfurlaubs mit ihrem Bruder an der marokkanischen Küste erfahren, wie hier Kinder ertrunken sind.

Weltweit gibt es jährlich mehr als 370.000 Todesopfer durch Ertrinken, mehr als die Hälfte von ihnen sind jünger als 25 Jahre, die meisten Kinder. Um das zu ändern, hat die Stiftung das Programm „Learn to Swim" eingerichtet. In Kleinbussen werden die Kinder zu einem Schwimmbad gefahren, und dann springt die Fürstin im Neoprenanzug selbst mit ins Wasser, zeigt den Kindern die richtige Arm- und Beinbewegung und zieht sie mit Schwimmbrettern durchs Wasser. Wenn diese Kinder schwimmen können, sind sie auch in der Lage, später einmal selbst Leben zu retten.

Vier Jahre nach ihrer Gründung ist die Stiftung heute mit etlichen prominenten Unterstützern in mehr als 25 Ländern aktiv und hat fast 100.000 Kinder und Jugendliche in verschiedenen Sportprogrammen begleitet. Sie fördert Kinder mit körperlichen Einschränkungen, um sie durch Sport stark zu machen, genauso wie einzelne besonders begabte Talente. Khwezi Duma zum Beispiel, ein 15-jähriges Mädchen aus Südafrika, die seit einigen Jahren bei den Südafrikanischen Jugendmeisterschaften ihren Konkurrentinnen davon schwimmt und vielleicht eines Tages in die Fußstapfen ihrer berühmten Förderin treten wird.

Hindernisse überwinden, Grenzen verschieben

Verena Bentele

»Die präparierte Strecke ist ziemlich vereist und deshalb sehr schnell. Das Geräusch der Ski ändert sich je nach Beschaffenheit des Schnees. Bei Neuschnee und warmen Temperaturen hört sich der weiche Schnee an wie das sanfte Rauschen einer Brandung. Bei kaltem Wetter und frühmorgens ist die Spur fest, das klingt dann wie ein Eiskratzer auf der Autoscheibe. Ich höre, wie Walters Ski über den Schnee kratzen. Er spricht laut, damit ich seine Kommandos auf der vereisten Loipe verstehen kann. Ich muss meine Stöcke richtig fest auf dem eisigen Untergrund aufsetzen, damit sie greifen. Einmal verliere ich fast das Gleichgewicht, weil ich mit dem linken Stock in eine Vertiefung gerate.

„Jetzt bloß nicht hinfallen, Verena", denke ich, „wie peinlich wäre das denn in der Einlaufrunde!"

„Um 10 Uhr startet die Klasse der Blinden und Sehbehinderten ...", schallt die Lautsprecherdurchsage über die Loipe. Die Stadionatmosphäre verbreitet Wettkampfstimmung und macht mich leicht nervös.

„Hopp ... Hopp ... Hopp", ruft Walter.

Ich schiebe mit den Stöcken an und fahre weiter geradeaus.

„Jetzt geht's in eine leichte Abfahrt, die Spur ist durchgezogen und fest, du kannst also drin bleiben und in der Hocke abfahren. Hopp ... Hopp ... Hopp ... Hopp ..."

Ich atme ruhig ein und aus und konzentriere mich auf meine Ski, die sicher in der Spur gleiten. ...

„Hopp ... Hopp ... Hopp ...", ruft Walter in kurzen Abständen.

Ich fahre konzentriert weiter.

Ein paar Sekunden später sagt er: „Eine leichte Kurve rechts auf eins ... Jetzt geradeaus ... Hopp ... Hopp ... Hopp."

Danach höre ich, wie er mich anweist, links in die Spur zu gehen.

Ich mache zwei kleine Schritte nach links. Doch da kommt keine Spur. Deshalb lenke ich mit den Skispitzen noch weiter nach links.

„Wo ist denn diese Spur? Die muss doch jetzt endlich kommen", denke ich verwundert, während ich schnell die Abfahrt hinunterschieße. „Hier muss doch schon fast der Streckenrand sein. Wieso haben die denn die Spur so nah daran gelegt?"

Während ich immer weiter nach links fahre, überschlagen sich in meinem Kopf die Gedanken. „Wo ist die vermaledeite Spur? Ich hätte doch gemerkt, wenn ich drübergefahren wäre. Bin ich von der Strecke abgekommen?"

Plötzlich zieht es mir den linken Ski weg. „Wieso geht es denn hier runter?"

In der nächsten Sekunde fliege ich durch die Luft. Meine Arme und Beine, an denen Stöcke und Ski hängen, schlackern unkontrolliert hin und her, und mein Körper dreht sich zur Seite. Ich ziehe mich wie ein Embryo zusammen und im nächsten Moment schlage ich auf etwas Hartem auf. Dann schnürt es mir die Luft ab.«

(Verena Bentele zu ihrem Sturz bei den Deutschen Meisterschaften 2009, aus: Verena Bentele: Kontrolle ist gut, Vertrauen ist besser, München 2014, S. 17–20)

Der 10. Januar 2009 hätte Verena Bentele einen weiteren schönen Sieg in ihrer an Erfolgen ohnehin nicht armen Karriere als Sportlerin bringen können. Es ging um die Deutsche Meisterschaft in den Nordischen Disziplinen, Skilanglauf und Biathlon, und die 26-jährige Athletin hatte gute Chancen, als Erste ins Ziel einzulaufen. Bei drei

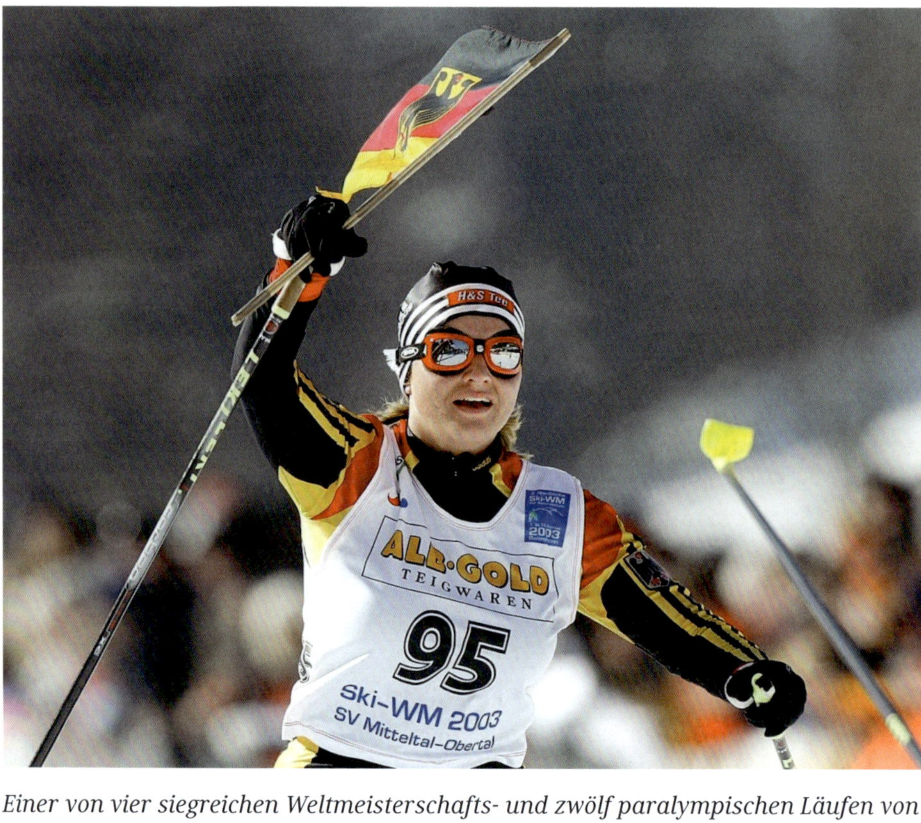

Einer von vier siegreichen Weltmeisterschafts- und zwölf paralympischen Läufen von Verena Bentele: die Biathlon-Kurzstrecke der Weltmeisterschaft in Baiersbronn 2003.

Paralympischen Spielen und ebenso vielen Weltmeisterschaften hatte sie bereits ihr Können gezeigt und 20 Medaillen gewonnen, darunter 11 goldene. Aber statt auf dem Siegerpodest landet sie mit Verletzungen der rechten Niere, an Fingern beider Hände sowie einem Kreuzbandriss am Knie in einem drei Meter tiefer liegenden ausgetrockneten Flussbett. Mindestens genauso schlimm: Ihr Vertrauen in die eigenen Kräfte und die Fähigkeiten anderer ist zutiefst erschüttert. Dabei war es dieses Vertrauen, das sie von klein auf geprägt und zu ihren Erfolgen geführt hatte.

Verena Bentele ist von Geburt an blind, sie kann nur schemenhaft Hell und Dunkel unterscheiden, was sie jedoch nicht davon abgehalten hat, schon als Kind zusammen mit ihren beiden Brüdern, von denen der jüngere ebenfalls blind ist, auf dem Bauernhof ihrer Eltern auf Dächer zu klettern und das Treppengeländer herunterzurutschen, mit ihrer besten Freundin auszureiten und Fahrrad zu fahren. Sie orientiert sich dabei am holprigen oder glatten Untergrund, an Steigungen oder Bodenwellen, und sie lernt, durch Umgebungsgeräusche und den Schall, den Wände und Gebäude zurückwerfen, den Abstand zu Hindernissen einzuschätzen. Mit drei Jahren steht sie das erste Mal auf Skiern und liebt von Anfang an die Geschwindigkeit, mit der sie die Pisten hinab saust.

Bis heute ist sie immer mit Tempo unterwegs, und es bleibt nicht aus, dass sie dabei Zusammenstöße erlebt, gegen Laternenpfähle oder Straßenschilder rennt und sich mitunter auch eine blutige Nase holt. Und dann? „Ich bin es gewohnt aufzustehen und weiterzulaufen", sagt sie dazu „denn Liegenbleiben ist für mich keine Option. Wenn ich mich nicht bewege, komme ich nicht voran. Deshalb lasse ich mich von meiner Blindheit nicht bremsen."

Wie im Leben ist sie auch im Sport bei aller Eigenständigkeit im Alltag auf die Unterstützung anderer angewiesen. Sie braucht Begleitläufer, egal, ob sie in der Loipe Rennen fährt oder auf eine Veranstaltung geht und in der Welt unterwegs ist. Und sie braucht das Vertrauen, dass diese ihr den Weg weisen. Läufer und Begleitläufer sind wie ein siamesischer Loipenzwilling, wie ein Organismus, sagt sie, und einen Begleitläufer zu finden, bei dem sich dieses Gefühl einstellt, ist bereits die erste Herausforderung für sie. Nachdem zwei ihrer langjährigen Begleiter aus beruflichen Gründen nicht mehr mit ihr fahren konnten, suchte sie sogar per Zeitungsinserat einen neuen Partner für ihren Sport. Beim Skifahren muss ihr der Begleitläufer exakte Angaben über die Strecke, über Kurven, die Beschaffenheit der Spur, Anstiege und Abfahrten geben, und sie muss diese unmittelbar umsetzen

– bei Geschwindigkeiten, die schon mal 60 Stundenkilometer erreichen. Das ist eine enorme Herausforderung für beide, bei der es auch zu Fehlern kommt. Der Läufer, der sie bei den Deutschen Meisterschaften in Nesselwang begleitete, hatte an einer entscheidenden Stelle rechts und links verwechselt, mit der Folge des fatalen Sturzes, der sie wochenlang zum Stillstand auf dem heimischen Sofa bei ihren Eltern zwingt.

Einige Monate überlegt sie, ob sie den Wettkampfsport wieder aufnehmen soll – und entscheidet sich schließlich für's Weitermachen. Sie unternimmt mit einem Tandempartner Radtouren und findet schließlich auch einen neuen Begleitläufer. Aber immer, wenn es bergab geht, spürt sie auf einmal Angst, ein Gefühl, das sie bis dahin nicht gekannt hatte. Und mit Angst, das weiß sie, kann sie keine Rennen gewinnen. „Vertrauen ist gut, Kontrolle ist besser“, heißt es im Volksmund; Verena Bentele hat die Reihenfolge dieses Sprichwortes für sich umgedreht. Im sicheren Raum und unter kontrollierten Bedingungen lernt sie auf dem Laufband wieder Vertrauen zu fassen, das es ihr ermöglicht, einmal mehr ihre Grenzen zu verschieben.

Als ein gutes Jahr nach dem schweren Unfall die Paralympics im kanadischen Vancouver anstehen, startet sie in fünf Disziplinen. Den Auftakt macht der Biathlon-Sprint über 7,5 km, dem drei Tage später der 12,5 km Biathlon folgt. Verena Bentele weiß, dass sie schnell ist, aber beim Biathlon kommt es auch darauf an, in Bruchteilen von Sekunden von dem Tempo beim Laufen zur Ruhe beim Schießen zu gelangen. Am Schießstand ist absolute Konzentration gefordert, denn jeder verpasste Schuss hat eine Strafrunde oder eine Zeitstrafe zur Folge. Anders als ihre sehenden Kollegen schießen die blinden Biathleten nach Gehör. Die Zielscheibe sendet ein Signal aus, das sich als Ton auf den Kopfhörer der Sportler überträgt: Je höher der Ton ist, desto näher ist die Mitte der Schießscheibe im Visier des Gewehrs. Genau diesen Moment zu treffen, das ist auch der Weltklasseathletin in der Vergangenheit nicht immer gelungen. Entsprechend groß ist ihre Nervosität. Bei 7,5 km kann sie ihre Fehlschüsse noch durch ihre Schnelligkeit kompensieren, aber bei der langen Distanz hat jeder Fehlschuss eine Zeitstrafe von einer Minute zur Folge. Insgesamt muss sie 20 Mal treffen, kann aber auch 20 Mal danebenschießen. Und nach den ersten beiden Runden ist die Bilanz mit fünf Treffern und ebenso vielen Fehlschüssen nicht die beste. Mitten im Rennen aber findet sie mit Hilfe ihres Begleitläufers auf einmal ihren Rhythmus, es gelingt ihr, rechtzeitig das Tempo herunterzufahren und ruhig zu atmen, sodass sie die beiden folgenden Runden ohne Fehler absolviert und als Siegerin ins Ziel läuft – es ist vielleicht ihr schönster Erfolg. Am Ende gewinnt Verena Bentele in Vancouver fünfmal Gold, so oft wie bei keinen Paralympics zuvor, und ist damit zusammen mit der Ski-Alpin-Läuferin Lauren Woolstencroft die erfolgreichste Athletin dieser Winterspiele. Genauso wichtig ist für sie selbst, dass es ihr in Vancouver gelang, endgültig das traumatische Erlebnis ihres Sturzes und damit einmal mehr ein Hindernis zu überwinden.

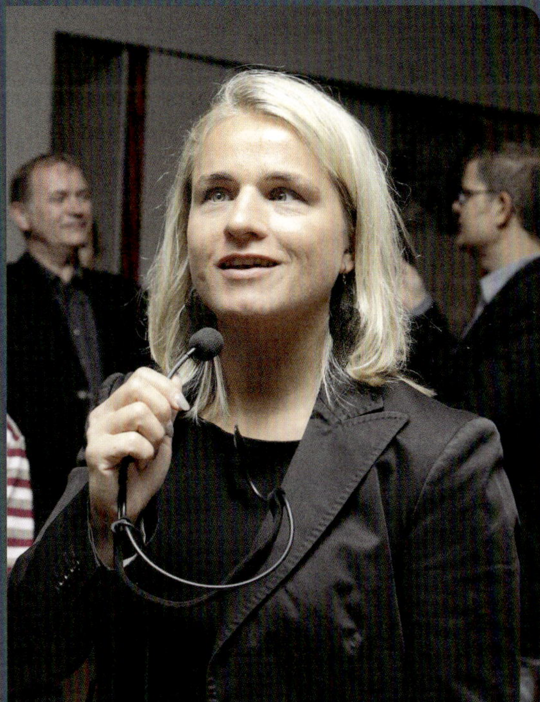

Verena Bentele wurde 1982 in Lindau geboren und wächst auf dem Bio-Bauernhof ihrer Eltern auf. Mit 10 Jahren kommt sie zum Langlaufen, wird drei Jahre später in den Nationalkader aufgenommen und läuft 1996 ihre erste Weltmeisterschaft. Sie nimmt an den Paralympics von Nagano 1998, Salt Lake City 2002, Turin 2006 und Vancouver 2010 teil und ist 12-fache Paralympics-Siegerin, außerdem vierfache Weltmeisterin.

Verena Bentele hat für ihre sportlichen Erfolge und ihr Engagement zahlreiche Auszeichnungen erhalten, wurde Weltbehindertensportlerin des Jahres 2011 und 2014 in die Paralympics Hall of Fame aufgenommen. Im gleichen Jahr wurde sie zur Beauftragten der Bundesregierung für die Belange von Menschen mit Behinderungen bestellt. Daneben arbeitet Verena Bentele als Referentin und Coach zu den Themen Vertrauen, Motivation, Teambildung und Leistungsdruck. 2014 ist ihr Buch „Kontrolle ist gut, Vertrauen ist besser. Die eigenen Grenzen verschieben und Sicherheit gewinnen" erschienen.

Inzwischen warten neue Herausforderungen auf sie; sie will ihr Germanistikstudium beenden, beruflich Fuß fassen und erklärt 2011 ihren Rücktritt vom Wettkampfsport. Sie engagiert sich politisch im Münchner Stadtrat und sozial für Sportprojekte, die benachteiligten Kindern und Jugendlichen eine Perspektive geben sollen, ist Botschafterin der Christoffel Blindenmission und Botschafterin des Internationalen Paralympischen Komitees. 2014 wird sie zur Beauftragten der Bundesregierung für die Belange von Menschen mit Behinderungen ernannt; sie ist die erste Beauftragte, die selbst ein Handicap hat. Verena Bentele will als Blinde den Menschen die Augen öffnen, ihnen zeigen, dass es jedem möglich ist, vorgegebene Grenzen zu überwinden. Dass sie dabei aus eigener Erfahrung spricht, dass sie selbst immer wieder ihre eigenen Grenzen verschoben hat und offen die damit verbundenen Hindernisse benennt, macht sie zu einer glaubwürdigen Expertin.

Die sportliche Herausforderung sucht sie nach wie vor: 2013 besteigt sie den Kilimandscharo, läuft im Jahr darauf zum zweiten Mal einen Marathon und absolviert zum dritten Mal einen Radmarathon über mehrere hundert Kilometer mit ihrem Tandempartner Alex Heim, mit dem sie nach ihrem schweren Unfall wieder ihre ersten sportlichen Übungen unternahm. Sie liebt es immer noch, mit schmerzenden Muskeln einen Berg zu erklimmen, das Gefühl zu haben, der Körper will und kann nicht mehr, um dann doch weiterzumachen und wieder einmal eine Grenze zu überwinden.

Sportlerinnen in der Kunst

Zu den großen Themen der Bildenden Kunst gehörte der Sport nie. Und doch war die Kunst zeitweise sogar olympisch. Auf Anregung von Pierre de Coubertin gab es von 1912 bis 1948 bei den Olympischen Spielen neben den sportlichen Wettbewerben auch solche in den Kategorien Architektur, Bildhauerei, Malerei, Literatur und Musik, und Coubertin war mit einer unter Pseudonym herausgegebenen „Ode an den Sport" der erste Olympiasieger in der Kategorie Literatur. Die Bilder in diesem Kapitel zeigen in ihrer Bandbreite von der Athletin der Antike über die moderne Heldin bis hin zur karikierenden Persiflage, auf welch unterschiedliche Art Künstler die Sport treibende Frau gesehen haben.

Antikes Fitnessprogramm?

Die Bikinimädchen der Villa Romana del Casale

Als Archäologen Mitte des vergangenen Jahrhunderts die Ruinen einer spätrömischen Villa auf Sizilien freilegten, dürften sie nicht schlecht gestaunt haben. Unter den vielen Mosaiken, die die Villa einst schmückten, entdeckten sie auch eines, das junge Frauen bei sportlichen Übungen zeigte. Zwar waren Darstellungen von Athleten bei antiken Skulpturen, auf Vasen und Reliefs in vielen Formen bekannt, Sport treibende Frauen suchte man bis dahin allerdings vergeblich in der Kunst des Altertums, obwohl einzelne literarische Quellen belegen, dass auch sie sich an Leibesübungen beteiligt haben.

Bekannt geworden sind die leicht bekleideten jungen Damen als Bikinimädchen, was vermutlich auch damit zusammenhängt, dass der Zeitpunkt ihrer Entdeckung just mit der Popularität des Zweiteilers in der modernen Bademode zusammenfiel. Schon diese für die römische Zeit außergewöhnliche Bekleidung der Mädchen stellt die Altertumsforscher bis heute vor Rätsel, genauso wie die Frage, wie ihre Darbietungen zu interpretieren sind. Sind es Tänzerinnen einer Art Wasserballett, Showgirls einer römischen Sportrevue? Oder erzählen die Bikinimädchen die in zwei Reihen angeordnete Geschichte von einem antiken Frauen-Fünfkampf? Von zwei Läuferinnen in der oberen Reihe, deren vordere den Blick zurückwendet, um den Abstand zu ihrer Kontrahentin einzuschätzen? Von einer Diskuswerferin, die zur Drehung vor dem Abwurf der Scheibe ansetzt, und einer Weitspringerin, die, wie in der Antike üblich, mit Hilfe von Gewichten eine größere Weite und eine saubere Landung erreichen will?

Von der Athletin auf der linken Seite in der oberen Reihe sind nur noch die Beine erhalten, deren Haltung auf eine Speerwerferin schließen lässt. Es sind tatsächlich vier Disziplinen des antiken Fünfkampfs, der bei den Männern durch den Ringkampf vervollständigt wurde. Möglich, dass an dessen Stelle bei den Damen ein Wettbewerb im Ballspiel trat, wie es die beiden Mädchen rechts unten vorführen. Und wie

Ausschnitt aus dem Mosaik der sog. Bikinimädchen aus der Villa Romana del Casale bei Piazza Armerina auf Sizilien, 4. Jahrh. n. Chr.

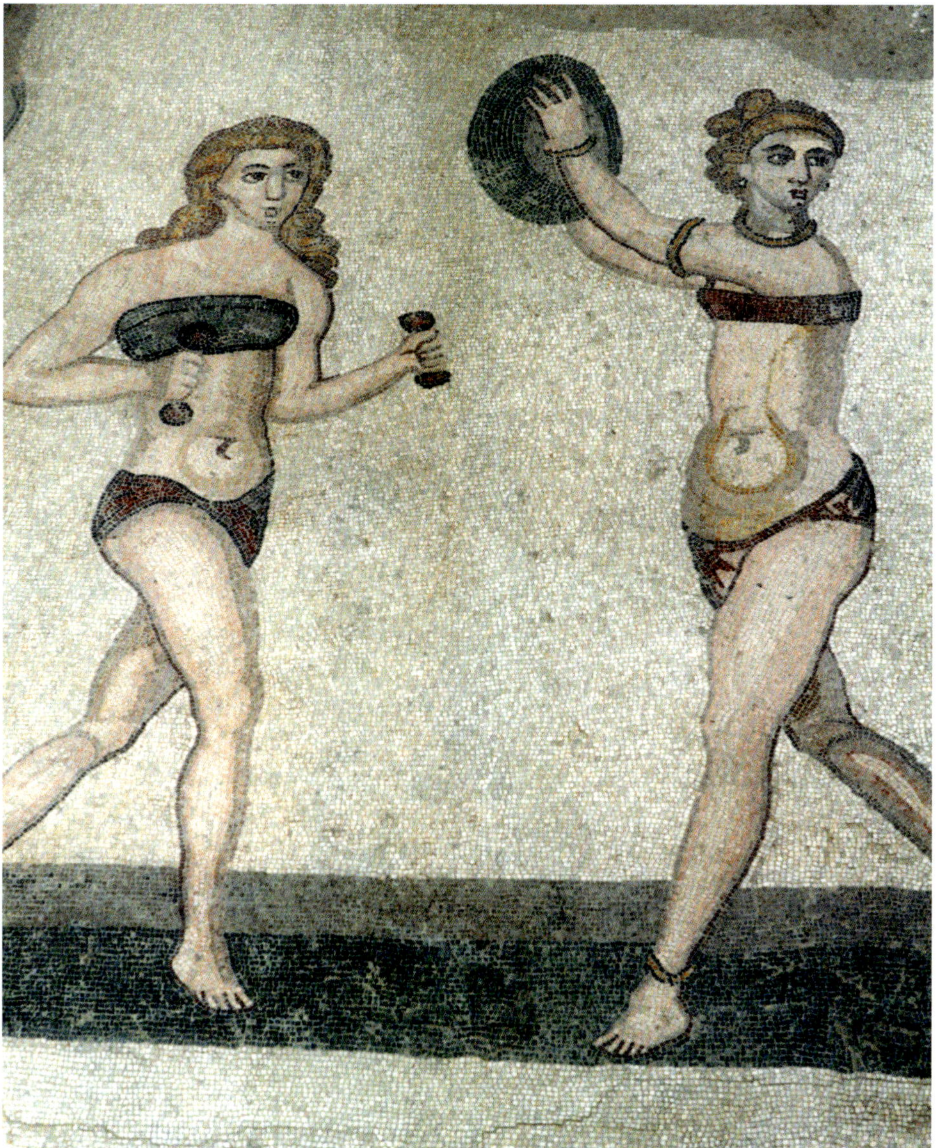

in jedem Wettkampf gibt es auch hier eine Siegerehrung, bei der die Gewinnerinnen – gleichsam als Abschluss der Geschichte – mit Blumenkrone und Palmzweig geehrt werden.

Die Bikinimädchen werfen viele Fragen auf, und es ist nicht gewiss, ob sie ihr Geheimnis je lüften werden. Für die Bewohnerinnen der Villa mag das Mosaik nicht nur kostbare Dekoration, sondern auch Anschauungsunterricht gewesen sein, vielleicht sogar ein persönliches Fitnessprogramm nach den Richtlinien der antiken Diätetik zur Erhaltung der Gesundheit. Das luxuriöse Anwesen mit Säulenhallen und weitläufigen Wohnbereichen bot für ein leichtes Training mit anschließender Entspannung in der eigenen Thermenanlage alle Möglichkeiten. Man kann sich die Damen des Hauses gut dabei vorstellen.

Seit ihrer Entdeckung haben sich Wissenschaftler mit den Bikinimädchen beschäftigt und unterschiedliche Theorien zu ihrer Interpretation vorgelegt. Die beiden hier vorgestellten Ansätze stammen von:

Martin Dolch: Wettkampf, Wasserrevue oder diätetische Übungen? Das Mosaik mit den zehn Mädchen in der römischen Villa bei Piazza Armerina auf Sizilien. In: Nikephoros, 5 (1992), S. 153–181, und Hugh M.Lee: Athletics and the Bikini Girls from Piazza Armerina. In: Stadion, Sankt Augustin, X (1984), S. 45–76.

Eine Zusammenfassung der verschiedenen Ansätze findet sich bei dem Sportwissenschaftler Claus Tiedemann unter: http://www.sportwissenschaft.uni-hamburg.de/tiedemann/documents/VortragBild-Wirklichkeit2003Langfassung.pdf

Gustave Courbet: Die Dame im Podoscaphe

Als Gustave Courbet im September 1865 das erste Mal nach Trouville an der Küste des Ärmelkanals kam, war der einstige Fischerort gerade dabei, sich zu einem beliebten Seebad zu entwickeln. Gemeinsam mit dem auf der gegenüberliegenden Seite der Touques gelegenen Deauville, das kurz vorher durch eine Bahnstrecke mit Paris verbunden worden war, war es zu einem beliebten Ort der Sommerfrische für die Pariser Aristokratie geworden, aber auch vermögende Engländer kamen gern an die feinsandigen Strände der Blumenküste. Ein Casino, eine Pferderennbahn und Regatten versprachen gehobene Freizeitvergnügungen, daneben erfreuten sich Spaziergänge und Picknicks am Strand zunehmender Beliebtheit. Sportlich ambitionierte Feriengäste wagten sich auch zum Schwimmen ins Meer.

Zu den Wohlhabenden gesellten sich die Künstler; Maler der Romantik, des Realismus und des Impressionismus entdeckten das Meer und seine verschiedenen Stimmungen als neues und eigenständiges Motiv. Es inspirierte sie dazu, die akademischen Richtlinien hinter sich zu lassen, in der Natur zu malen und ihren Empfindungen in freier Weise Ausdruck zu verleihen. Auch Courbet war begeistert von Trouville, und er blieb dort nicht nur, wie geplant, drei Tage, sondern drei Monate. Er war fasziniert von der Gewalt des Meeres, die er hier hautnah erlebte und in großer Schaffenskraft in seinen Gemälden umsetzte. Seinem Vater schrieb er: „Ich habe in meinem Atelier mehr als tausend Damen empfangen, die alle wünschen, dass ich sie porträtiere. Ich habe 35 Bilder gemalt, was die ganze Welt erstaunt. Ich war 80 Mal im Meer." Tatsächlich hatte er sich während seines Aufenthaltes in Trouville auch einen guten Ruf als Porträtist, vor allem der Engländerinnen, gemacht und erzielte stattliche Preise für seine Bilder.

Die *Dame im Podoscaphe* verbindet seine Bildnisse mit den Landschaftsdarstellungen von Meer und Küste, aber das Gemälde ist alles andere als ein herkömmliches Porträt. Courbet zeigt eine junge Frau in einer Art Katamaran mit dem eigenwilligen Namen Podoscaphe, die sich mit einem Paddel ihren Weg durch das Meer bahnt. Ihr wehendes Haar und die aufgepeitschten Wellen im Vordergrund zeugen von einer stürmischen See, aber es besteht kein Zweifel daran, dass die Dame mit ihrem Gefährt das Meer beherrscht: Ihre Haltung ist aufrecht, ihre Gesichtszüge sind entspannt, und in ihrer imposanten Erscheinung in dem schwarzen ärmellosen Kleid wirkt sie wie eine moderne Amphitrite, eine Herrscherin über die Meere. Wie radikal neu diese Auffassung damals war, lässt sich schon daran sehen, dass der Historienmaler Alexandre Cabanel nur zwei Jahre zuvor mit dem klassischen Motiv der *Geburt der Venus*, einer üppigen Aktdarstellung der Liebesgöttin auf den Wogen des Meeres, einen großen Erfolg feiern konnte. Möglicherweise wollte Courbet mit der *Dame im Podoscaphe* ein bewusstes Gegenstück zu Cabanels Gemälde schaffen, denn das Bild ist mit den Ausmaßen von 173 x 210 cm außergewöhnlich groß. Es ist ihm gelungen – mit einer neuen Sichtweise, nicht nur der Malerei, sondern auch der Frau als einer mutigen und unabhängigen Akteurin, die den Wagemut späterer Seefahrerinnen kühn vorwegnimmt.

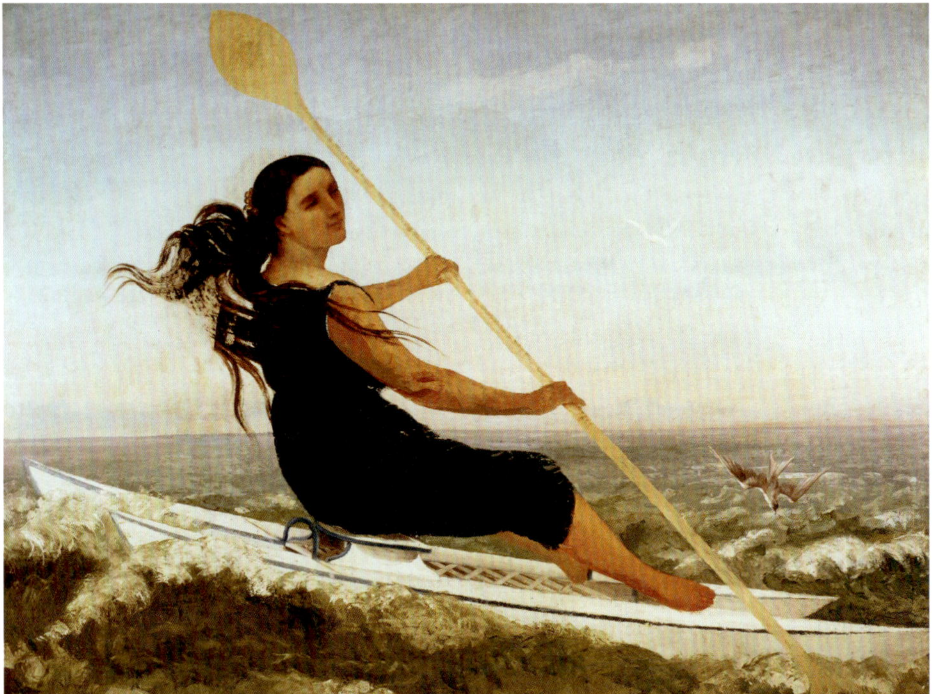

Gustave Courbet: Die Dame im Podoscaphe, Öl auf Leinwand (unvollendet), 173,5 x 210 cm. Tokio, Stiftung Ishizuka.

Edgar Degas: Zwei Tänzerinnen

Ein einziges Mal hat Edgar Degas, der Maler der zarten Ballettmädchen, dessen Pastelle und Gemälde schon zu seinen Lebzeiten bei Händlern und Sammlern gefragt waren, seinem Publikum eine Skulptur präsentiert. Auf der sechsten Ausstellung der Impressionisten 1881 in Paris stellte er die „Kleine vierzehnjährige Tänzerin" aus – und provozierte einen Skandal. Anders als jede plastische Arbeit eines Künstlers zuvor, war die ein Meter große Figur in so kompromisslosem Realismus wiedergegeben, dass Degas sie sogar mit echtem Tutu, seidenen Ballettschuhen sowie einem Haarband aus Seide, das ihr (Ross-)Haar zusammenhält, ausstaffierte. Nur wenige Betrachter erkannten die innovative Kraft dieser Skulptur, die meisten waren angesichts ihres wenig gefälligen Aussehens ähnlich schockiert wie der Kunstkritiker Paul Mantz, der urteilte: „Sollte Degas fortfahren Skulpturen zu schaffen und seinen Stil nicht ablegen, wird er einen Platz in der Geschichte der schrecklichen Künste bekommen."

Degas war fasziniert von den Tänzerinnen der Oper, die wie die Darstellerinnen der Theater und Varietés, wie Zirkusartistinnen und Prostituierte der Bordelle Protagonistinnen des großstädtischen Pariser Lebens an der Wende vom 19. zum 20. Jahrhundert waren. Er war Abonnent der Ballettaufführungen der Pariser Oper und hatte als solcher auch die Möglichkeit, den Probenraum hinter den Kulissen, das Foyer de la Danse zu besuchen. Hier konnte er die anonymen Statistinnen des Opernbetriebs beobachten, die – oft genug vergeblich – von dem großen Auftritt träumten. Ihnen vor allem und weniger der gefeierten Primaballerina galt sein Interesse. Er beobachtete die jungen, kaum der Kindheit entwachsenen Tänzerinnen bei ihren in steter Wiederholung eingeübten Posen, bei den letzten Korrekturen an Arm- und Beinhaltung, die ihrer in Perfektion dargebotenen Präsentation auf der Bühne vorausgingen.

Dieses harte Training, das den Elevinnen ein Höchstmaß an körperlicher Konzentration abverlangte, wurde für ihn zum eigentlichen Thema: magere Geschöpfe, die unter der strengen Aufsicht des Ballettmeisters die schwierigen Positionen an der Stange einstudieren, die sich erschöpft niedersetzen, sich den Schuh richten oder den wunden Knöchel reiben. Degas stellte den Tanz als Ergebnis disziplinierter Arbeit dar, die jeden Muskel, jedes Gelenk der schmächtigen Körper bis in die äußersten Gliedmaßen forderte.

Um die Tänzerinnen in ihrer ganzen Körperlichkeit zu erfassen und wiederzugeben, zeichnete er sie aus jeder nur denkbaren Perspektive. Die Dreidimensionalität war aus diesem Bemühen heraus ein logischer Schritt, und tatsächlich hat Degas sich über viele Jahrzehnte hinweg mit Skulpturen beschäftigt – eine Seite seines Schaffens, die allerdings mit Ausnahme der „Kleinen vierzehnjährigen Tänzerin" erst nach seinem Tod der Öffentlichkeit bekannt wurde.

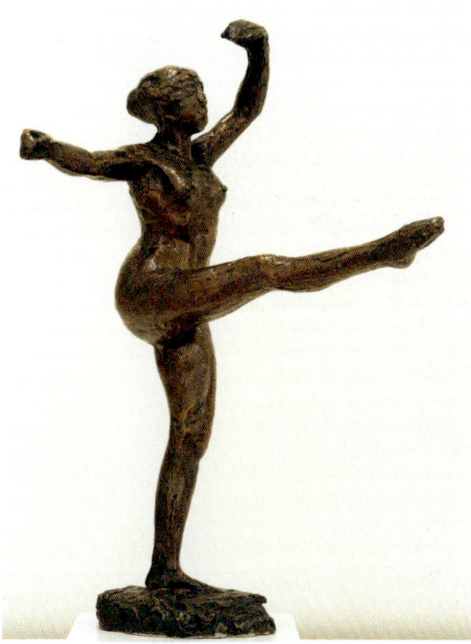

Edgar Degas: Tänzerin, vierte Position nach vorn über dem linken Bein (57,3 x 33,3 x 38,5 cm)

Die „Tänzerin, vierte Position nach vorn über dem linken Bein" und die „Große Arabesque, zweite Position" gehören zu den 150 Figuren, die nach dem Tod des Künstlers in seinem Atelier gefunden wurden. Schon die Titel machen deutlich, dass es Degas dabei um eine genaue Erfassung höchst anspruchsvoller Figuren des klassischen Balletts ging: der *Arabesque* und des *Grand Battement,* bei denen die Tänzerin auf einem Bein steht und das andere im rechten Winkel nach vorne oder hinten hebt, während sie mit den seitlich bzw. nach vorne gestreckten Armen ein Gegengewicht schafft – eine Verbindung aus Grazie und Balance, die vollständige Körperbeherrschung erforderte, und mehr noch als in der Malerei wird dies im plastischen Werk deutlich.

Das Ringen um Balance war auch für den Künstler eine Herausforderung. Degas formte seine Figuren meist aus Wachs oder Ton über einem improvisierten Skelett aus Drähten oder mit Vorrichtungen aus Ketten, die die geformte Masse allerdings oft genug nicht halten konnten. Die Folge war, dass immer wieder Arme oder Beine abfielen und der Künstler von neuem beginnen musste. Für ihn waren seine Figuren in erster Linie Arbeitsmaterialien, mit deren Hilfe er sich der Kunst der Tänzerinnen nähern konnte. Im Alter, als seine Augen ihn im Stich ließen, bezeichnete er sie selbst abschätzig als sein Blindenhandwerk. Was er damit meinte, offenbarte sich nach seinem Tod. Etwa die Hälfte der posthum in seinem Atelier gefundenen Arbeiten war bereits so zerstört, dass sie nicht mehr wieder hergestellt werden konnten. Den Rest, immerhin 73 Arbeiten, ließen seine Nachkommen in limitierter Auflage in Bronze gießen.

Die Skulpturen wurden dadurch zu eigenständigen Kunstwerken, als die der Künstler selbst sie nie gesehen hat. Gegenüber dem Kunsthändler Ambroise Vollard hatte er gesagt: „Was, gießen lassen? Bronze ist etwas für die Ewigkeit. Mein Vergnügen besteht gerade darin, dass ich immer wieder neu beginnen kann. Sehen Sie mal … So!“ Und er nahm von einem kleinen Modellierbock eine fast vollendete Tänzerin und zerdrückte sie zur Wachskugel.

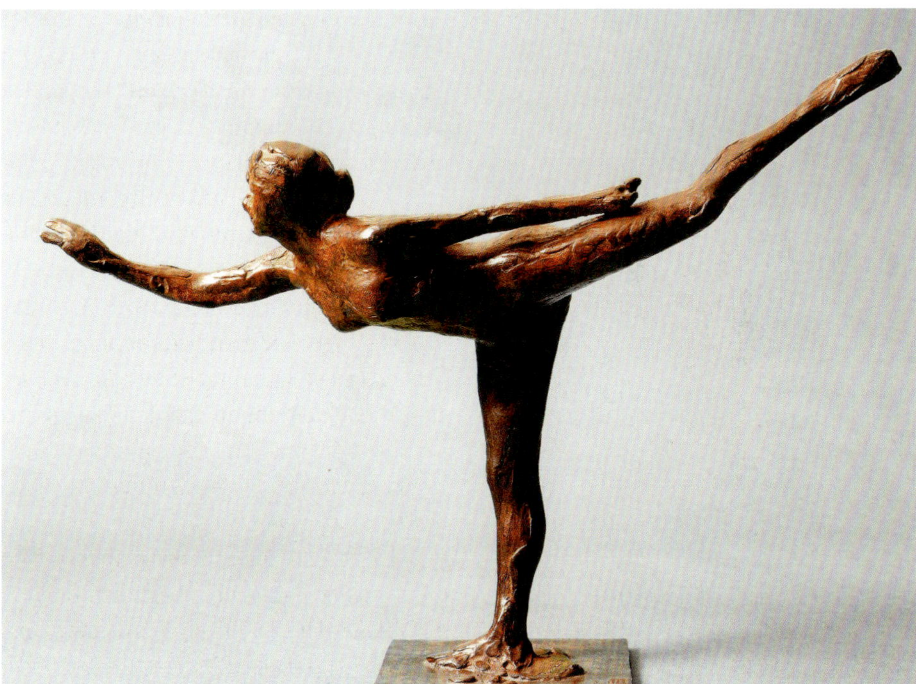

Edgar Degas: Große Arabesque, zweite Position (43 x 28 x 61 cm), Bronzeguss 1919/21 von A. A. Hébrard, Paris.

Gegendarstellung

Paul Klee: Das Fräulein vom Sport

Ungelenk, mit ins Komische übersteigerter Gestik und ohne jede Spur von Anmut steht es da: das Fräulein vom Sport. Ein Strichmännchen aus schwarzer Kleisterfarbe vor rotem Grund, wie in einer Kinderzeichnung. Die Haltung des Fräuleins, der eine Arm nach unten gesenkt, der andere in einem Bogen gegenläufig zur Neigung des Halses nach oben geführt, erinnert an eine gymnastische Übung. Vielleicht hatte Klee dabei Karla Grosch im Sinn, die als Sport- und Gymnastiklehrerin am Bauhaus eng mit der Familie Klee verbunden war und von 1928 bis 1932 ein Zimmer in deren Dessauer Meisterhaus bewohnte. Aber Proportionen, Bewegungsablauf und Muskelspiel des menschlichen Körpers, mit denen Klee sich in frühen anatomischen Studien beschäftigt hat, werden jetzt – in diesem Spätwerk – zeichenhaft umgeformt bis hin zu einer hieroglyphenartigen Abstrahierung.

Paul Klee mochte den Tanz, dem Sport stand er eher distanziert gegenüber, wohl auch aus eigener leidvoller Erfahrung, wie sein Sohn Felix berichtet. Er hatte ihn allzu oft als vormilitärische Übung erlebt, zuerst während des Ersten Weltkriegs, dann in der Zeit des Nationalsozialismus. „Das Fräulein vom Sport" ist 1938 entstanden, und ein größerer Gegensatz zwischen der hier bis zum äußersten getriebenen Reduktion und dem Körperkult der Nationalsozialisten ist kaum vorstellbar. „Je schreckensvoller diese Welt, desto abstrakter die Kunst, während eine glückliche Welt eine diesseitige Kunst hervorbringt", hat Klee 1915 geschrieben. Dabei greift er auf die ursprüngliche Kraft und die Unbefangenheit kindlicher Wahrnehmung zurück. Die Erschaffung einer Welt aus wenigen Strichen, wie sie Kindern spontan zu eigen ist, wird bei ihm in einem bewussten Vorgang der Abstraktion zu einem eigenen elementaren Ausdruck. Das Fräulein vom Sport wird zu einer ironischen Persiflage des Sports.

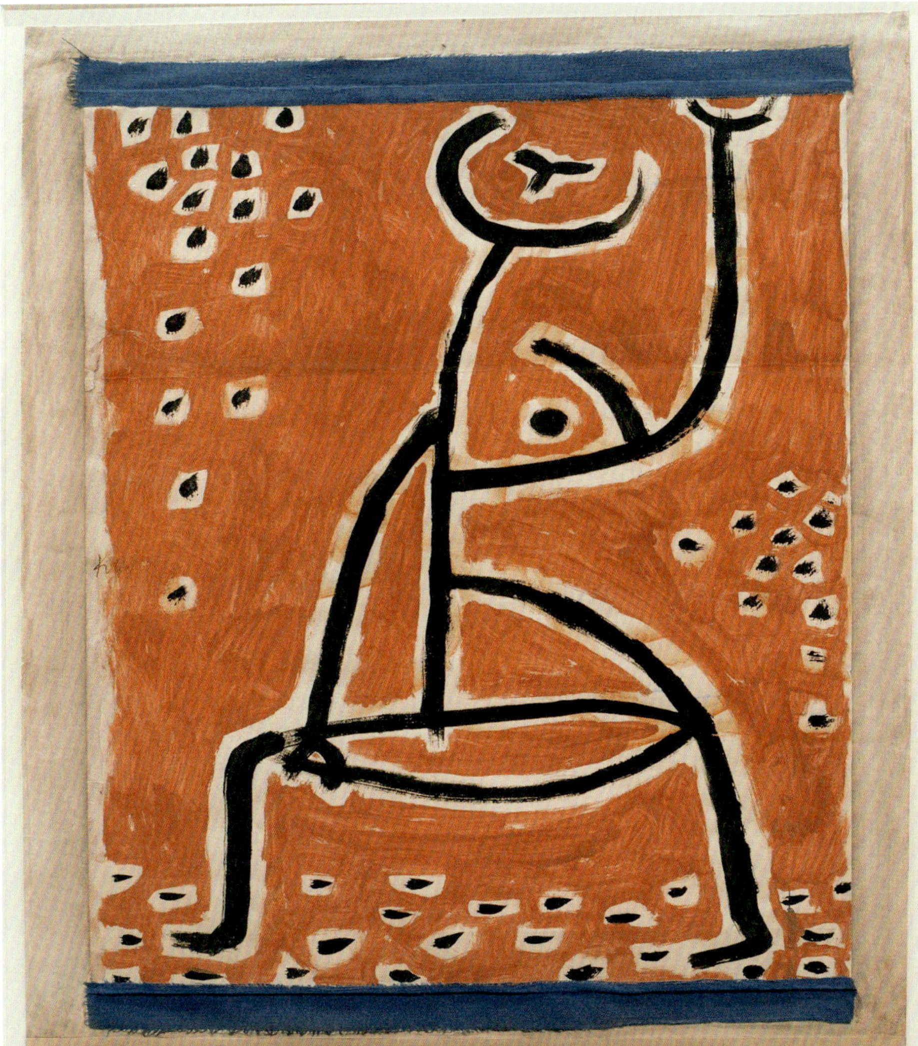

Paul Klee: Das Fräulein vom Sport, Kleisterfarben auf Papier, 59 x 40,5 cm, 1938
Zentrum Paul Klee, Bern

Literatur

Constance Applebee: Field Hockey, Official Publication of the A. F. H. A., New York 1919

Françoise Baron Boilley: Marie Marvingt. À l'aventure du sport, Paris 2013

Verena Bentele: Kontrolle ist gut, Vertrauen ist besser, München 2014

Iris Berben, Nicole Maibaum: Frauen bewegen die Welt, München 2009

Gretel Bergmann: „Ich war die große jüdische Hoffnung“. Erinnerungen einer außergewöhnlichen Sportlerin, Hrsg.: Haus der Geschichte Baden-Württemberg, 2. Auflage Ubstadt-Weiher 2015

Věra Čáslavská: Šestý smysl, aneb, Byli jsme při tom, Beroun 2002

Susan E. Cayleff: Babe. The Life and Legend of Babe Didrikson Zaharias, Illinois 1995

Ronald W. Clark: The Victorian Mountaineers, London 1953

Lynn E. Couturier: Considering *The Sportswoman*, 1924 to 1936: A Content Analysis, in: Sport History Review Vol. 41 2010, S. 111–131

Laura Dekker: Ein Mädchen, ein Traum. Solo um die Welt, Bielefeld 2013

Deutscher Reichsausschuss für Leibesübungen (Hrsg.): Olympia 1928, Leipzig 1928

Martin Dolch: Wettkampf, Wasserrevue oder diätetische Übungen? Das Mosaik mit den zehn Mädchen in der römischen Villa bei Piazza Armerina auf Sizilien. In: Nikephoros, 5 (1992), S. 153–181

Ed Douglas: Bergsteiger. Auf ein Spuren großer Alpinisten, München 2012

Antje Fenner: Das erste deutsche Fräuleinwunder: die Entwicklung der Frauenleichtathletik von ihren Anfängen bis zum Jahr 1945, Königstein 2001

Gerhard Finckh (Hrsg.): Die Maler und ihre Skulpturen: von Edgar Degas bis Gerhard Richter, Köln 1997

Caroline Fink, Karin Steinbach: Erste am Seil. Pionierinnen in Fels und Eis, Innsbruck, Wien 2013

Birgit Fischer: Mein Weg zum Gold. In 303 Tagen zum olympischen Triumph, Bielefeld 2006

Fergus Fleming: Nach oben. Die ersten Eroberungen der Alpengipfel, Frankfurt/M. 2002

Robert W. Fortuin: Der Sport im augusteischen Rom: philologische und sporthistorische Untersuchungen, Dissertation Stuttgart, 1996

Leo Frei: Rosi Mittermaier, München u. a. 1976

Christian Frietsch: Hitlers Angst vor dem jüdischen Gold. Der Fall Bergmann, die verhinderte Olympiasiegerin, Baden-Baden 2013

Steffi Graf, Hans-Dieter Schütt: Steffi Graf. Superstar, Berlin 1993

Will Grohmann: Paul Klee, Stuttgart 1954

Okka Gundel: 11 Freundinnen müsst ihr sein. Warum Frauenfußball begeistert, München 2011

Literatur

Haudiquet, Annette (Hrsg.): Vagues: autour des ‚Paysages de mer' de Gustave Courbet. Katalog der Ausstellung im Musée Malraux du Havre, 2004

Rolf Hauschild, Hansjörg Falz, Paul Zimmer: Danke Steffi. Die unvergesslichen Jahre der Königin des Centre Courts, Berlin 1999

Sue Heady: Steffi. Allem zum Trotz, Königswinter 1996

Jason Henderson: Collision Course. The Olympic Tragedy of Mary Decker and Zola Budd, Edinburgh 2016

Rainer Hennies, Daniel Meuren: Frauenfußball. Aus dem Abseits an die Spitze, Göttingen 2011

Max Huggler: Paul Klee: Die Malerei als Blick in den Kosmos, Frauenfeld u. a. 1969

Kyle Keiderling: Olympic Collision. The Story of Mary Decker and Zola Budd, Nebraska 2016

Marika Kilius: Pirouetten des Lebens. Erinnerungen, München 2013

Felix Klee: Paul Klee. Rosenwind, Freiburg 1984

Pavel Kosatík: Věra Čáslavská: život na Olympu, Prag 2012

Hugh M. Lee: Athletics and the Bikini Girls from Piazza Armerina. In: Stadion, Sankt Augustin, X (1984), S. 45–76

Lindsay, Suzanne G. u. a.: Edgar Degas sculpture, Collections of the National Gallery of Art systematic Catalogue, Washington D.C., 2010

Elizabeth A. Lynn: Babe Didrikson Zaharias, New York 1989

Rosalie Maggio, Marcel Cordier: Marie Marvingt. La Femme d' un siècle, Sarreguemines 1991

Rosi Mittermaier: Ski-Zirkus. Meine 10 Jahre im Hochleistungssport, Gütersloh u. a. 1976

Rosi Mittermaier: Fröhlich bin ich sowieso, München 2011

Gertrud Pfister: Fliegen – ihr Leben. Die ersten Pilotinnen, Berlin 1989

Ernst Probst: Königinnen der Lüfte in Frankreich, Norderstedt 2010

Thea Rasche: ... und über uns die Fliegerei, Berlin 1940

John Rewald: Degas' complete sculpture. Catalogue Raisonné, San Francisco 1990

Barbara Sichtermann, Ingo Rose: Sternstunden verwegener Frauen, Berlin 2015

Karl-Wilhelm Weeber: Baden, spielen, lachen. Wie die Römer ihre Freizeit verbrachten, Darmstadt 2007

Esther Williams: The Million Dollar mermaid, New York 1999

Babe Didrikson Zaharias: This Life I've Led: My Autobiography, New York 1955

Peter Zheutlin: Around the World on Two Wheels. Annie Londonderry's Extraordinary Ride, New York 2007

Bildnachweis

S. 11: akg-images / Mondadori Portfolio
S. 13: akg-images / Album
S. 16: Wikimedia / national archief
S. 19: Bundesarchiv
S. 21: imago
S. 25: Bundesarchiv / Wendorf
S. 29: Wikimedia
S. 30: Wikimedia
S. 34: akg-images / © Underwood Archives
S. 38: akg-images / Imagno
S. 41: imago / Team 2
S. 45: imago / Sven Simon
S. 47: imago / Ulmer
S. 49: imago / Ulmer
S. 56: Wikimedia
S. 58: Bundesarchiv / Pahl, Georg
S. 61: Bundesarchiv / Pahl, Georg
S. 65: imago / Werek
S. 66: imago / Werek
S. 73: Wikimedia
S. 75: Wikimedia
S. 78: Bildarchiv Pisarek / akg-images
S. 81: imago / Pressefoto Baumann
S. 84: imago / Camera 4
S. 89: imago / Werek
S. 92: imago / Pressefoto Baumann
S. 95: imago / Sven Simon
S. 100: alchetron.com
S. 103: alchetron.com
S. 106: Collection Dupondt / akg-images
S. 108: Wikimedia
S. 112: imago / ZUMA Press
S. 114: imago / ZUMA Press
S. 117: imago / Richard Wareham
S. 124: imago / Sven Simon
S. 126: imago / Pressefoto Baumann
S. 127: imago / Gallo Images
S. 129: imago / MIS
S. 132: imago / Pressefoto Baumann
S. 135: imago / epd
S. 139: akg / Bildarchiv Steffens
S. 142: akg-images / Nimatallah
S. 144: akg-images
S. 145: akg-images / Erich Lessing
S. 147: akg-images

Über die Autorin

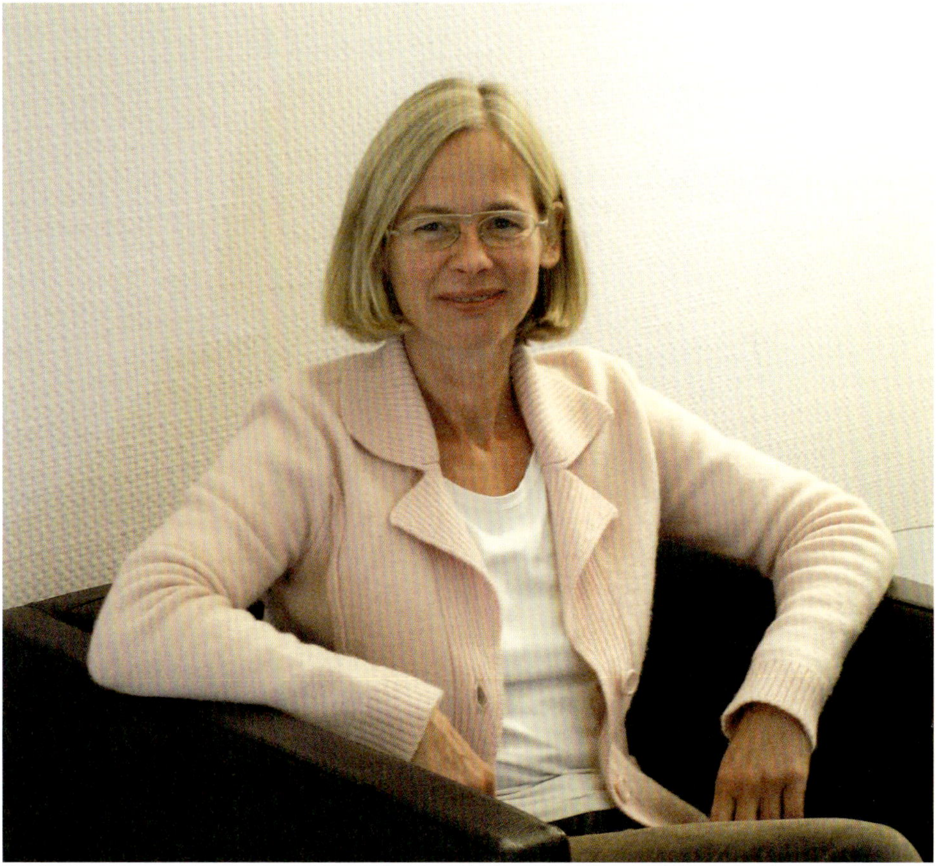

Bettina Schumann-Jung hat Kunstgeschichte und Geschichte studiert und arbeitet als Redakteurin in München. Nach museumspädagogischen Publikationen zu Münchner Museen widmet sie sich mit ihrem Buch über Sportlerinnen einem Thema, das sie auch privat aktiv beschäftigt. Sie mag Ausdauersportarten wie Langstreckenlauf und Radfahren und hat zusammen mit ihrem Mann zuletzt auch den Tanzsport für sich entdeckt.

Als Gardinen zu Kleidern wurden

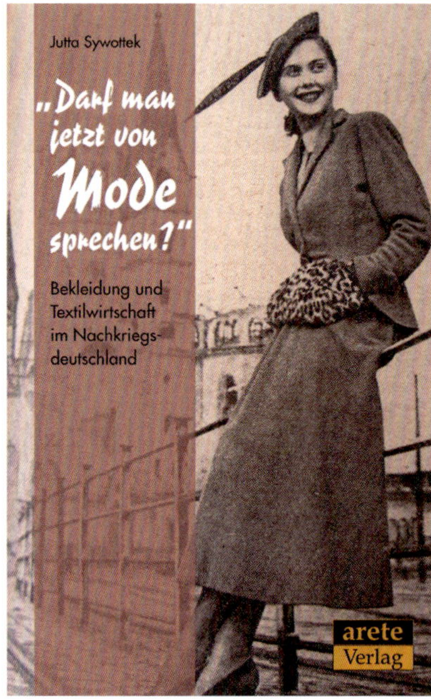

Jutta Sywottek
„Darf man jetzt von Mode sprechen?"
Bekleidung und Textilwirtschaft im Nachkriegsdeutschland
204 Seiten, Paperback
ISBN 978-3-942468-22-0
16,95 € inkl. MwSt.

„Darf man jetzt von Mode sprechen?", fragt im Frühjahr 1946 die Wochenzeitung „Die Zeit".
Viele Frauen haben gerade jetzt eine ungestillte Sehnsucht nach modischer Kleidung.

Sie sind dabei erfinderisch und fertigen aus Wehrmachtsmänteln Damenjacken, schneidern aus Gardinen Röcke und Kleider. Jutta Sywottek erzählt von der Wiederbelebung der Textilwirtschaft, der letzten Blüte des Schneiderhandwerks, Verwandlungskleidern, runden Schultern und Wespentaillen, vom Triumph des New Look und schließlich vom Siegeszug der industriellen Massenkonfektion.
All dies illustriert sie mit zahlreichen Fotos aus Frauen- und Modezeitschriften wie „Constanze", „Chic" und „Für Dich", die die Modeträume in Ost und West weckten.

„Das Buch ist gut geschrieben und vor allem - hier sei dem Verlag gedankt - gut gemacht. Mit guten Abbildungen aus Modezeitschriften leben die jeweiligen „Linien" wieder auf und zeigen sich in ihrer ganzen Pracht und in ihrer teilweisen unpraktischen Logik. Das Buch sei als Lektüre nicht nur Wissenschaftlerinnen und Wissenschaftlern empfohlen, auch Zeitzeuginnen werden das Buch gerne in die Hand nehmen. (Newsletter des Arbeitskreis Historische Frauen- und Geschlechterforschung)

Arete Verlag • Osterstr. 31-32 • 31134 Hildesheim
www.arete-verlag.de